GESTION PRÁCTICA D[...] EN EL COMERCIO INTERNACIONAL

Incluye ejercicios prácticos.

Dr. Ignacio Casas Fraire

Dr. Ignacio Casas Fraire

Gestión práctica de los Incoterms en el comercio internacional

Introducción

Narra la Biblia que en el año 1012 a.C., el rey Salomón decidió construir un templo en Jerusalén, para lo cual celebró un acuerdo con Hiram, rey de Tiro… *"Y envió Hiram a decir a Salomón: He oído lo que me mandaste a decir; yo haré todo lo que te plazca acerca de la madera de cedro y la madera de ciprés. Mis siervos la llevarán desde el Líbano al mar, y la enviaré en balsas por mar hasta el lugar que tú me señales, y allí se desatará, y tú la tomarás; y tú cumplirás mi deseo al dar de comer a mi familia"* (Reyes: 8) (Ruta logística: Líbano- Puerto de Tiro-Puerto de Joppa-Jerusalem).

Si Hiram rey de Tiro y Salomón rey de Judá hubieran firmado un contrato de compraventa y si aplicáramos este pasaje a los Incoterms 2010, ¿cuál sería el incoterm correcto que debieron utilizar Hiram y Salomón?

Forma correcta que debió utilizar Hiram y Salomón en un contrato de compraventa: Maderas de cedro y maderas de ciprés, DAT Joppa, Reino de Judá. Incoterms 2010.

Mapa del Reino de Judá en tiempos de Salomón.
Mapa 1

Mapa tomado de: http://www.esacademic.com/pictures/eswiki/65/Ancient_Levant_routes.png

A forma de introducción y sin afán otro que hacer notar que la logística comercial se ve presente todos los días y en todos los tiempos, iniciamos este sencillo estudio pretendiendo aportar un poco al conocimiento del estudio de los Términos Internacionales de Comercio (Incoterms®).

La finalidad es presentar ejercicios prácticos que nos permitan entender desde una perspectiva más sencilla, para qué nos sirven los Incoterms en el uso cotidiano de la gestión logística del comercio internacional.

Entendiendo como logística lo que el *Counsil of Logistics Managements* señala (Long, 2010): *"logística es el proceso de la cadena de abastecimiento que planea, organiza, dirige y controla el eficiente y efectivo flujo de bienes, servicios e información vinculada desde los proveedores hasta el punto de consumo, para satisfacer los requerimientos de los clientes".*

Y si aplicamos este concepto al comercio internacional *"La logística internacional se describe mejor como un proceso por medio del cual el comercio internacional de mercancías es llevado al mundo real en el sentido operacional… La esencia de la logística consiste en el traslado de bienes a través de congestionados puertos, aeropuertos, ferrocarriles, barcos, camiones o aviones y despachados a través de las fronteras… Logística es un proceso que integra financiamiento comercial, transporte, seguros, aduanas, control de exportaciones, acuerdos comerciales y diversidad cultural"* Logn, (2010).

Pues bien, en todo este proceso de llevar una mercancía de un punto de origen a un punto final en el mejor tiempo y a los mejores costos, los Incoterms juegan un rol de gran importancia, pues ponen de manifiesto entre vendedores y compradores el reparto de costos, la transmisión del riesgo y las gestiones suficientes para despachar las mercancías en las aduanas de exportación e importación.

Por otro lado, conocer el correcto manejo de los Incoterms permite al empresario realizar ofertas comerciales serias y tener una ventaja competitiva, si su afán es conquistar mercados internacionales. Esto le permitirá poder conocer las variables a investigar para fijar correctamente un precio de exportación; de la misma manera le permitirá conocer el precio final de mercancías que pretenda traer de cualquier país extranjero y buscar mercado en su país de residencia.

Origen de los Incoterms

Los Incoterms (*INternational COmmerce TERMS*) Términos de Comercio Internacional) son un total de 11 acrónimos publicados por la Cámara de Comercio Internacional con sede en París, que definen las condiciones de entrega de la mercancía en las operaciones de compraventa internacional.

Su primera edición se realizó en el año 1936[1] y, posteriormente, se han ido realizando sucesivas revisiones y actualizaciones (normalmente cada diez años hasta la que está actualmente vigente que es la del año 2010 (Incoterms 2010).

Las reglas Incoterms 2010 están contenidas en la publicación no 715 de la Cámara de Comercio Internacional en edición bilingüe inglés-francés. Existe una edición bilingüe español-inglés que ha sido realizada por el Comité Español de la ICC con las colaboraciones de los Comités Iberoamericanos y que, por tanto, es la versión oficial en español.

Los Incoterms nacen de la necesidad que existe entre importadores y exportadores para dividir los costos operativos en una cadena logística comercial; nacen para determinar quién debe obtener los documentos comerciales y quien debe realizar los trámites aduaneros en una operación de importación/exportación; Nacen también para determinar el lugar donde será entregada una mercancía, así como para determinar el punto exacto donde deberá efectuarse la transmisión de riesgos en el transporte.

Los Incoterms están compuestos por un acrónimo de tres letras mayúsculas (EXW, FAS, FOB, FCA, CFR, CPT, CIF, CIP, DAT, DAP y DDP), las cuales se plasman en documentos como el contrato de compraventa, las órdenes de compra, las facturas comerciales, las listas de empaque, los documentos de transporte, las cartas de crédito, entre otros utilizados en el comercio internacional.

Lo Incoterms constituyen reglas del derecho privado que no está avalada por la legislación mexicana ni por ninguna norma jurídica supranacional, sino que más bien se considera *Lex Mercatoria* al constituirse como un conjunto de normas creadas por la Cámara de Comercio Internacional con el fin de regular aspectos relacionados con derechos y obligaciones referentes a la entrega de mercancías en operaciones de comercio exterior.

Cabe señalar que a pesar de constituirse a los Incoterms sólo como reglas, la Convención de Viena de 1980[2] sobre Contratos de Compraventa Internacional de Mercancías señala (Artículo 9 Párrafo 2):

"Salvo pacto en contrario, se considerará que las partes han hecho tácitamente aplicable al contrato o a su formación un uso del que tenían o debían haber tenido conocimiento y que, en el comercio internacional, sea ampliamente conocido y regularmente observado por las partes en contratos del mismo tipo en el tráfico mercantil de que se trate".

México firmó su adhesión a la Convención de Viena el 17 de noviembre de 1987, lo ratificó el Senado el 14 de octubre de 1987 y se publicó en el Diario Oficial de la Federación el día 17 de marzo de 1988.

Clasificación de los Incoterms

---

[1] Modificaciones posteriores: 1953, 1967, 1976, 1980, 1990 y 2000.

[2] Convención de las Naciones Unidas Sobre los Contratos de Compraventa Internacional de Mercancías. https://www.uncitral.org/pdf/spanish/texts/sales/cisg/V1057000-CISG-s.pdf Pág. 4

La clasificación de los Incoterms tiene que ver con tres elementos: 1) Tipo de transporte; 2) Pago del transporte (local e internacional); y 3) la Transmisión del riesgo en el medio de transporte.

1). **Tipo de transporte**. Los Incoterms están divididos en dos grupos, el primero se compone de siete Incoterms polivalentes que pueden ser utilizados en cualquier medio de transporte, (marítimo, aéreo y terrestre) o aquel que puede utilizar una combinación de al menos dos de ellos, el cual se conoce como transporte multimodal (EXW, FCA, CPT, CIP, DAT, DAP y DDP). El segundo grupo se compone de cuatro Incoterms que exclusivamente deben utilizarse en trasporte marítimo y vías navegables interiores como ríos, canales y lagos (FAS, FOB, CFR y CIF).

2). **Pago de transporte local e internacional**. El incoterm señalará claramente a quien corresponde el pago de cada uno de los transportes a utilizar; por ejemplo, si el Incoterms elegido es FOB, al vendedor le corresponde el pago del transporte local hasta el primer puerto de salida del país exportador y será al comprador a quien le corresponda pagar el transporte internacional del puerto de salida al puerto de destino de la mercancía, así como el transporte local de entrega en el país de destino de las mercancías.

3. **Transmisión del riesgo**. La transmisión del riesgo consiste en aquel punto físico donde se efectúa la entrega de una mercancía, en el cual el vendedor ya no es responsable si la mercancía sufre algún tipo de daño, de esta manera podemos encontrar que en EXW, FCA, FAS, FOB, CPT, CFR, CIF y CIP la transmisión de riesgos se realiza en el país de exportación y en los Incoterms DAT, DAP y DDP la transmisión del riesgo se efectúa en el país de destino de las mercancías[3].

Los 11 Incoterms se presentan en dos grupos.
Grupo 1: Para cualquier medio de transporte:
EXW En Fábrica
FCA Franco Porteador
CPT Transporte Pagado Hasta
CIP Transporte y Seguro Pagados Hasta
DAT Entregada en Terminal
DAP Entregada en Lugar
DDP Entregada Derechos Pagados

Grupo 2: Para transporte marítimo y vías navegables interiores
FAS Franco al Costado del Buque
FOB Franco a Bordo
CFR Costo y Flete
CIF Costo, Seguro y Flete

---

[3] Nota importante. Para el caso de los Incoterms CPT, CFR, CIP y CIF, el vendedor contrata y asume el costo del transporte hasta el puerto o aduana del país importador, sin embargo, la transmisión del riesgo se produce cuando la mercancía fue cargada en el medio de transporte en el puerto o aeropuerto de salida.

Cuadro no. 1.
Clasificación Incoterms 2010

		FAS: Free Alongside Ship (Franco al Costado del Buque)
		FCA *Free Carrier* (Franco Transportista)
	EXW. EXWORKS	FOB *Free On Board* (Franco a Bordo)
	GRUPO E	GRUPO F
	GRUPO C	GRUPO D
	CPT *Carriage Paid To* (Transporte Pagado Hasta)	DAT *Delivered At Terminal* (Entregada en Terminal)
	CFR *Cost and Freight* (Costo y Flete)	DAP *Delivered At Place* (Entregada en Lugar)
CIP *Carriage and Insurance Paid to* (Transporte y Seguro Pagados hasta)		DDP *Delivered Duty Paid* (Entregada Derechos Pagados)
	CIF *Cost, Insurance and Freight* (Costo, Seguro y Flete)	

Fuente: elaboración propia con base en clasificación Incoterms 2010.

Gestión práctica de los 2010 en el comercio internacional

La importancia de los Incoterms en el comercio internacional radica en el uso que se ha venido haciendo de ellos en la práctica comercial internacional. No se puede concebir a una operación de compraventa internacional sin la intervención de los Incoterms y su aplicación práctica en los procesos de negociación de la compraventa, en la formalización de la compraventa, en la gestión de la documentación comercial necesaria en la compraventa, así como en la contratación del transporte para la movilización de las mercancías y finalmente en el cumplimiento de la normatividad aduanera aplicable para hacer que las mercancías lleguen al punto final de la cadena logística internacional[4].

I.   Los Incoterms y su importancia en la negociación de la compraventa internacional

El vendedor y el comprador trataran por medio de los Incoterms en ponerse de acuerdo en el lugar donde será puesta a disposición la mercancía, esto influirá en el precio y evidentemente en el plazo de entrega a lo largo de la cadena logística internacional.

Con respecto al lugar de entrega, comprador y vendedor deberán acordar si la entrega se produce en algún lugar del país de exportación o en algún punto del país del importador, es decir, bodegas de alguno de los dos, puerto o aeropuerto, cruce fronterizo de salida o de llegada, en alguna terminal en puerto del exportador o del importador, entre otros detalles.

Dependiendo del acuerdo al que hayan llegado con el punto de entrega y la transmisión del riesgo de la mercancía, (el cual tiene que ver con el tipo de transporte que hayan elegido), el plazo de entrega se verá afectado ya que los tiempos de tránsito son variados si las mercancías se mandan en transporte aéreo o si se mandan en transporte marítimo, o inclusive si se utiliza la combinación de varios de ellos. Por ejemplo, si se negocia Incoterm DAT para un país lejano, la entrega se producirá en la terminal del país del importador y si el transporte fue marítimo, este tiempo de entrega puede llegar hasta los 30 días;
Sin embargo, si se negoció el Incoterms CPT algún aeropuerto de ese mismo país lejano, el plazo de entrega puede ser de tres a cuatro días, es decir el plazo de entrega siempre estará determinado por el medio de transporte que se haya elegido.

---

[4] Llamazares, Olegario (2014, P. 8)

Ejemplo ilustrativo 1

Se ha negociado la venta de artículos mexicanos elaborados por artesanos del estado de Oaxaca (productos cerámicos), en el que se le ha pedido al vendedor una oferta comercial que implique la entrega en FOB Manzanillo y CIF Yokohama Japón para un contenedor de 40"; así como una cotización FCA Aeropuerto Internacional de la CDMX y una cotización CIP Aeropuerto de Tokio Japón para un envío de 450 Kg.

Preguntas: 1) ¿donde se transmitirá el riesgo en los Incoterms FOB y FCA y donde en CIF y CIP, de igual manera 2) ¿cuál será la diferencia en el plazo de entrega entre los cuatro Incoterms? Así como también, 3) ¿cómo repercutirá en el precio la designación del lugar de entrega?

Respuestas:

1). El riesgo en FOB se transmite cuando la mercancía ha sido puesta a bordo del barco cargada, estibada y trincada; Para el caso de FCA, cuando la mercancía ha sido entregada a la línea aérea que realizara el viaje internacional; para el caso de CIF la transmisión del riesgo se produce igual que en FOB y para CIP como si fuera FCA, es decir, una vez que la mercancía ha sido entregada en el puerto o aeropuerto de salida, en ese momento el riesgo de daño o perdida de mercancía le corresponde al comprador.

2). En cuanto la diferencia en los plazos de entrega si exportamos FCA o CIP estamos hablando que la exportación será aérea por lo que el plazo de entrega podrá estar inscrito en 3-4 días, sin embargo, si exportamos en FOB o CIF el plazo de entrega podrá ser de 28-32 días.

3). La influencia en el precio es significativa debido a que las variables a considerar son diferentes por la cuestión de los costos del transporte, del peso de la mercancía, los honorarios de despacho aduanal, el costo de maniobras entre otros que veremos a continuación.

Cotización FCA y CIP (Incoterms polivalentes):
   a) Precio unitario ExWorks: 100.00 Usd
       (Envío de 100 Kits); Valor total de mercancía: 10,000.00 Usd
   b) Flete local Cd. Oaxaca a la Ciudad de México: 250.00 Usd
   c) Maniobras en aduana de exportación: 150.00 Usd
   d) Honorarios de Agente aduanal de Exportación: 350.00 Usd
   e) Contribuciones de comercio exterior: 35.00 Usd (Derechos)
   f) Flete principal AICM-Tokio: 700.00 Usd
   g) Costo del seguro de la mercancía: 0.7% Sobre valor ExWork = 70.00 Usd.

Determinación de precio de exportación FCA = a+b+c+d+e
(10,000.00+250.00+150.00+350.00+35.00)
FCA = 10,785.00 (Precio unitario FCA= 107.85 Usd)

Determinación de precio de exportación CIP = a+b+c+d+e+f+g
(10,000.00+250.00+150.00+350.00+35.00+700.00+70.00)
CIP = 11,555.00 (Precio unitario CIP = 115.55 Usd)

Cotización FOB y CIF (Incoterms marítimos)
   a) Precio unitario ExWorks: 100.00 Usd
       (Envío de 470 Kits); Valor total de mercancía: 47,000.00 Usd
   b) Flete local Cd. Oaxaca a puerto de Manzanillo Mex.: 650.00 Usd
   c) Maniobras de exportación: 550.00 Usd
   d) Honorarios de Agente aduanal de exportación: 350.00 Usd
   e) Contribuciones de comercio exterior= 35.00 Usd (Derechos)
   f) Flete Mzo.-Puerto Yokohama Jap.: 1,250.00 Usd
   g) Costo del seguro de la mercancía: 0.7% Sobre valor ExWorks: 329.00 Usd

Determinación de precio de exportación FOB = a+b+c+d+e
(47,000.00+650.00+550.00+350.00+35.00)
FOB = 48,585.00 (Precio unitario FOB = 103.37 Usd)

Determinación de precio de exportación CIF = a+b+c+d+e+f+g
(47,000.00+650.00+550.00+350.00+35+1,250.00+329.00)
CIF = 50,164.00 (Precio unitario CIF = 106.73 Usd)

Como se puede apreciar, el precio FCA y FOB a pesar de que son con entrega en alguna aduana de México, este varía debido al tipo de transporte; por ejemplo: para FCA el precio es de 107.85 Usd y para FOB el precio es de 103.37 Usd; para los casos CIF el precio es de 106.73 Usd y para CIP el precio es de 115.55 Usd. De esta manera como se puede apreciar el lugar de entrega influye proporcionalmente en el precio.

Siguiendo con la importancia del precio, los Incoterms juegan un papel crucial ya que depende del Incoterm utilizado el precio que será asignado a las mercancías. Por ejemplo, si una mercancía fue puesta a disposición del comprador en las instalaciones del vendedor bajo el Incoterms ExWork el precio fijado no incluirá transporte local que deba llevar las mercancías a la aduana de salida, ni las formalidades aduaneras de exportación, ni las maniobras de descarga, custodia, almacenaje y maniobras de subir las mercancías al medio de transporte internacional, ni contribuciones de comercio exterior a la exportación, ni honorarios del agente de aduanas, ni transporte internacional, ni seguro, ni maniobras de descarga, custodia, almacenaje y carga de las mercancías en la aduana de llegada, ni contribuciones de comercio exterior a la importación, ni transporte local de arrastre hacia las instalaciones del comprador final. Cada una de esas variables señaladas constituyen un costo implícito que debe ser incluido en las mercancías conforme se va avanzando a lo largo de la cadena logística internacional.

Ejemplo ilustrativo 2

Se ha negociado la compra de **un compresor remolcable** de la fracción arancelaria 8414.40.01. (Compresores o motocompresores, con capacidad hasta 31.5 m3 por minuto y presión de aire hasta 17.6 kg/cm²; Fracción arancelaria utilizada en México). Con un valor de 15,500.00 EUR precio de venta ExWorks con entrega de mercancía en las instalaciones del vendedor: "Calle *Transport*, bodega 3, Polígono Industrial Alcodar, Gandia (Valencia) España 46702, Incoterms 2010. País de origen de las mercancías China.

Bajo este Incoterms negociado el comprador debe contratar el transporte desde el domicilio señalado y llevar la mercancía al Aeropuerto de Valencia y de ahí volar la mercancía al Aeropuerto Internacional de la Ciudad de México y finalmente llevarlo al domicilio del importador localizado en el Parque Industrial Jurica en la Ciudad de Querétaro.

Para llevar ese compresor al destino final se deben de cubrir una serie de costos como se señala a continuación:

Cuadro no. 2
Variables a considerar en la determinación del precio de exportación

A)	Maniobras de carga a transporte de mercancía en lugar de entrega: 75.00 EUR
B)	Gastos de transporte de instalaciones del vendedor a Aeropuerto internacional de Valencia España: 150.00 EUR
C)	Honorarios de Agente de aduanas por efectuar las formalidades aduaneras de exportación (Despacho aduanero, Impuestos y maniobras para subirlo al transporte aéreo): 350.00 EUR
D)	Costo de transporte principal Valencia-Aeropuerto Internacional de la Ciudad de México: 1,269.00 EUR
E)	Seguro de la mercancía: 122.15 EUR
F)	Honorarios de Agente Aduanal por formalidades aduaneras de importación (Honorarios y servicios complementarios): 350.00 EUR
G)	Maniobras de carga, custodia y resguardo de mercancía en recinto fiscalizado: 176.07 EUR

H) Contribuciones de Comercio Exterior[5]: Impuesto General de Importación (arancel): 15% = 2,619.92 EUR; Derecho de Trámite Aduanero: 0.8% = 139.73 EUR; Impuesto al Valor Agregado[6]: 16% = 3,236.12 EUR. Contribuciones totales pagadas = 5,995.77 EUR
I) Transporte local de Aeropuerto Internacional de la Ciudad de México a Parque Industrial Jurica, Querétaro: 235.66 EUR.

Fuente. Elaboración propia con datos de la investigación

Con estos elementos podemos calcular el Precio DDP de la mercancía de la siguiente manera: Σ = EXW + A) + B) + C) + D) + E) + F) + G) = 24,223.65 EUR. Es decir, traer este compresor desde el punto de entrega del mismo hasta las instalaciones del importador tuvo un costo de 8,723.65 EUR, es decir el 56.28% del precio de venta de la mercancía.

Asimismo, podemos calcular los precios FCA (16,075.00), CPT (17,344.00), CIP (17,466.15) y DAP (17,701.81) como se muestra en el cuadro siguiente.

Cuadro no. 3.
Variables para cálculo de precios de exportación

Precio ExW	$ 15,500.00	Precio ExW	$ 15,500.00	Precio ExW	$ 15,500.00	Precio ExW	$ 15,500.00	Precio ExW	$ 15,500.00
A)	$ 75.00	A)	$ 75.00	A)	$ 75.00	A)	$ 75.00	A)	$ 75.00
B)	$ 150.00	B)	$ 150.00	B)	$ 150.00	B)	$ 150.00	B)	$ 150.00
C)	$ 350.00	C)	$ 350.00	C)	$ 350.00	C)	$ 350.00	C)	$ 350.00
D)	$ 1,269.00	D)	$ -	D)	$ 1,269.00	D)	$ 1,269.00	D)	$ 1,269.00
E)	$ 122.15	E)	$ -	E)	$ -	E)	$ 122.15	E)	$ 122.15
F)	$ 350.00	F)	$ -	F)	$ -	F)	$ -	F)	$ -
G)	$ 176.07	G)	$ -	G)	$ -	G)	$ -	G)	$ -
H)	$ 5,995.77	H)	$ -	H)	$ -	H)	$ -	H)	$ -
I)	$ 235.66	I)	$ -	I)	$ -	I)	$ -	I)	$ 235.66
Precio DDP	$ 24,223.65	Precio FCA	$ 16,075.00	Precio CPT	$ 17,344.00	Precio CIP	$ 17,466.15	Precio DAP	$ 17,701.81

Fuente. Elaboración propia con datos de la investigación

1.1. Los Incoterms y las formas de pago internacional

Una vez determinado el precio de compraventa negociado, solo resta ponerse de acuerdo en la forma de pago.

En el tema de la forma de pago, es importante comentar que a pesar de que los Incoterms regulan una gran cantidad de aspectos de las operaciones comerciales internacionales, también existen temas en los cuales no tiene influencia como, por ejemplo: El comercio de servicios; La propiedad de la mercancía; ni la forma o plazo de pago de la misma. Sin embargo, en la negociación es importante ponerse de acuerdo cual será el método de pago a utilizar y las condiciones del mismo, de esta manera puede ser que se haya acordado el incoterm FOB en el contrato de compraventa como la condición para la liquidación de la factura (de contado contra entrega), pago a crédito (posterior a la entrega) o bien pago anticipado al embarque.

---

[5] Primeramente, debemos determinar el valor en aduana de las mercancías, en ese sentido la Ley aduanera mexicana establece que éste será el precio pagado de las mercancías más los gastos de incrementables hasta el aeropuerto de la ciudad de México. De esta manera tenemos entonces que sumar al precio inicial ExWorks de los conceptos señalados en los incisos A, B, C, D y E. Ejemplo: 15,500 + 75.00 + 150.00 + 350.00 + 1,269.00 + 122.15 = 17,466.15 EUR

[6] En este impuesto la Ley del IVA establece lo siguiente:

"Artículo 27. Para calcular el impuesto al valor agregado tratándose de importación de bienes tangibles, se considerará el valor que se utilice para los fines del impuesto general de importación, adicionado con el monto de este último gravamen y del monto de las demás contribuciones y aprovechamientos que se tengan que pagar con motivo de la importación".

Es decir, IVA = (V.A. + IGI + DTA) Donde V.A. es Valor en Aduana, IGI Impuesto General de Importación, DTA Derecho de Trámite Aduanero. De existir otros impuestos como Cuotas Compensatorias o impuestos especiales, deberá de igual manera adicionarse.

Así pues, IVA = 17,466.15 + 2,619.92 + 139.73 = 20,225.80 * 16% = 3,236.12

En este tema, en comercio internacional existen diversas formas para liquidar el precio pactado de las mercancías, y García (2008) las define de la siguiente manera: 1). Cheque bancario internacional; 2). Orden de pago simple; 3). Remesa simple; 4). Orden de pago documentaria; 5). Remesa documentaria y 6). Crédito documentario.

1.1.1. Cheque Bancario Internacional

Es un documento literal que contiene una orden incondicional de pago, dada por una persona llamada librador a una institución de crédito llamada librado, de pagar a la vista a un tercero llamado beneficiario o al portador, una cantidad de dinero.

El cheque sólo puede ser expedido a cargo de una institución de crédito. El documento que en forma de cheque se libre a cargo de otras personas, no producirá efectos de título de crédito.

El cheque sólo puede ser expedido por quien, teniendo fondos disponibles en una institución de crédito, sea autorizado por ésta para librar cheques a su cargo. La autorización se entenderá concedida por el hecho de que la institución de crédito proporcione al librador esqueletos especiales para la expedición de cheques, o le acredite la suma disponible en cuenta de depósito a la vista.

Artículo 176[7].
El cheque debe contener:
I.- La mención de ser cheque, inserta en el texto del documento;
II.- El lugar y la fecha en que se expide;
III.- La orden incondicional de pagar una suma determinada de dinero;
IV.- El nombre del librado;
V.- El lugar del pago; y
VI.- La firma del librador.

Sujetos participantes en una transacción con Cheque bancario internacional:

El importador, quien solicita a su banco la emisión de un cheque para realizar el pago de la compra internacional al exportador. Previamente debió haber puesto a disposición del banco los fondos correspondientes al importe del cheque emitido o por emitir.

Banco emisor. Se refiere al banco que extiende el cheque a petición del importador y a favor del exportador y depositario de los fondos hasta el momento del pago.

Banco pagador. Se refiere al banco encargado de abonar el importe del cheque al exportador, siempre que el banco emisor le haya realizado la correspondiente provisión de fondos.

Exportador, Persona física o moral a cuyo nombre ha sido extendido el cheque y que por tanto es quien lo presenta para su cobro.

Tipos de cheques:
Nominativo o "a la orden" Cuando se extiende a favor de una persona determinada y puede ser transferible por endoso.

Nominativo, con cláusula "no a la orden" Se extiende a favor de una persona, pero no es transferible por endoso. Puede ser solo cobrado por la persona a cuál se emite.

Al portador, Cuando el cheque puede ser cobrado por cualquier persona que lo presente para su cobro.

---

[7] Ley General de Títulos y Operaciones de Crédito

Cuadro no. 4
Cheque bancario internacional

Artículo 181.- Los cheques deberán presentarse para su pago: I.- Dentro de los quince días naturales que sigan al de su fecha, si fueren pagaderos en el mismo lugar de su expedición; II.- Dentro de un mes, si fueren expedidos y pagaderos en diversos lugares del territorio nacional; III.- Dentro de tres meses, si fueren expedidos en el extranjero y pagaderos en el territorio nacional; y IV.- Dentro de tres meses, si fueren expedidos dentro del territorio nacional para ser pagaderos en el extranjero, siempre que no fijen otro plazo las leyes del lugar de presentación.

Fuente. Ley General de Títulos y Operaciones de Crédito

1.1.2. Orden de Pago Simple (Transferencias internacionales)

Es una petición formal que hace un importador a su institución bancaria para que a través de un segundo banco pague una cantidad determinada al exportador (beneficiario), sin que éste tenga que presentar ningún documento, salvo la demostración de que es el receptor. Este pago se realiza a través de una transferencia.

Sujetos participantes en una Orden de pago simple:
Ordenante. Es el importador que ordena a su banco el pago a favor del exportador, previa entrega de los fondos para cubrir el importe y después de haber recibido la mercancía y los documentos que acreditan su propiedad.

Banco emisor. Es el banco del importador quien realiza la orden de pago según sus instrucciones una vez que tiene los fondos para cubrir el importe del pago en la moneda especificada en la orden.

Banco pagador. Normalmente es el banco del exportador y se encarga de hacer efectiva la orden, abonando su importe al exportador una vez que recibe los fondos en la moneda acordada en la orden.

Beneficiario. Es el exportador a cuyo favor se emite la orden de pago, una vez que la mercancía y los documentos acreditativos de su propiedad han sido enviados.

Modalidades de la Orden de pago simple:
Por la forma de emisión: Directa. Cuando el banco emisor hace la transferencia a una cuenta directa al banco sucursal del beneficiario; Indirecta. Cuando el beneficiario no tiene cuenta en el banco pagador y paga en un tercer banco.

Por la forma de abono al exportador: Orden de pago. Se paga en la caja de una oficina bancaria; Orden de abono. El importe se abona en la cuenta del beneficiario.

Por el conducto utilizado: Correo, Télex, SWIFT[8], etc.

---

[8] *Society for Worldwide Interbank Financial Telecommunications*. Se basa en la red que forman todos los ordenadores conectados a dicho sistema situados en cada banco. La mayoría de las órdenes de pago internacionales se realizan por esta vía.
Por la forma de autenticación: Para las órdenes de pago postales (Giros bancarios) se utilizan las "Firmas autorizadas" para las órdenes vía télex o SWIFT las "claves de identificación".

Cuadro no. 5
Orden de pago Simple

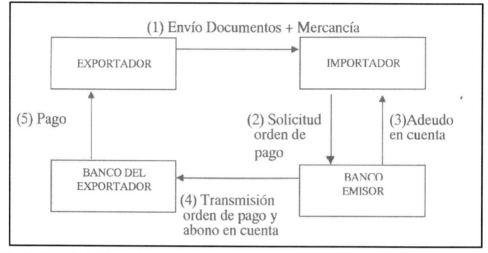

Fuente. Tomado de Economía del sector exterior (2017).

Ventajas y desventajas de utilizar la forma de pago simple

Ventajas:
El costo de su utilización es de los más bajos; El exportador no paga ningún tipo de gestión de cobro a su banco ya que el dinero se abona directo a su cuenta; No implica la emisión ni envío de documentos como el cheque. (no extravíos); Es el medio de pago más rápido al que puede acceder el exportador, siempre que el importador gestione el pago al recibir la mercancía (García, 2008, 35).

Desventajas:
El exportador corre el riesgo de que una vez enviadas las mercancías y los documentos, que acrediten su propiedad, el importador no envíe la orden de pago (García, 2008, 36).

1.1.3.   Remesa Simple

Se refiere a aquellos documentos financieros (Letras, Pagarés, Recibos, etc.) que el exportador hace llegar al importador por medio de su banco para su cobro de acuerdo con lo pactado previamente, pero sin ser necesaria la presentación de los documentos comerciales. Estos documentos pueden ser pagaderos a la vista o a plazo (García, P. 37-41).

Sujetos participantes en una Remesa simple:

Ordenante. Exportador quien emite los documentos financieros de pago que forman parte de la remesa y que fija las instrucciones para su aceptación o cobro.

Banco remitente. Es el banco que recibe los documentos del exportador y los envía (remite) a un banco del país importador para que gestione su aceptación o cobro según las instrucciones establecidas por el exportador.

Banco presentador. Es el banco situado en el país del importador que se encarga de presentar los documentos al mismo (librado) y de hacer cumplir las instrucciones recibidas del exportador (ordenante) respecto al cobro o aceptación. En caso de que el importador realice el pago, se encarga de hacerle llegar los fondos al exportador, pero no necesariamente a través del banco remitente.

Librado. Es el importador de la mercancía y la persona a quien se le entregarán los documentos financieros para su aceptación o pago.

La remesa simple puede efectuarse a través de:
Cobro a la vista = Efectos al cobro contra pago.
Cobro a mediano plazo = Efectos para aceptar y guardar.
Cobro a largo plazo = Efectos para aceptar y devolver.

La forma de operar una remesa simple consiste en lo siguiente:
El Exportador envía las mercancías y los documentos comerciales al importador.
El Exportador entrega a su banco los documentos financieros (letra de cambio, pagaré, recibos) para su cobro o aceptación.
El banco del exportador envía los documentos al banco del importador para aceptación o pago.
El banco del importador presenta los documentos al importador.
El importador devuelve el documento aceptado.
El banco del importador devuelve el documento aceptado o los fondos al banco del exportador.
El banco del exportador devuelve la letra aceptada o el pago de lo exportado.

Cuadro no. 6
Remesa simple

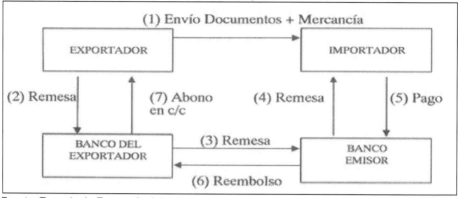

Fuente. Tomado de Economía del sector exterior (2017).

1.1.4. Orden de pago documentaria

Se refiere a una orden emitida por el importador a su banco para que realice una transferencia a favor del exportador en el momento en que dicho banco reciba la documentación comercial que acredite que la mercancía ha sido exportada.

No se acostumbra mucho debido a que presenta características similares a la orden de pago simple y al crédito documentario, pero sin poseer las ventajas de cada uno.

Esta documentación comercial va a permitir al importador liberar las mercancías de la aduana, estos documentos consisten principalmente en el Conocimiento marítimo o conocido como *Bill of Lading*, Guía aérea o *Airwaybill*, Facturas comerciales, Listas de empaque, Certificados de origen, Entre otros necesarios para el despacho de las mercancías.

Es un medio de pago poco utilizado y exige cierto nivel de confianza hacia el importador y su costo es elevado.

El importador gira la instrucción a su banco que proceda a realizar una transferencia a favor del exportador condicionando su pago a la entrega de determinados documentos.

El exportador envía la mercancía al importador, pero no así la documentación, por lo que éste no podrá por el momento liberarla de aduana.

Paralelamente, el exportador envía la documentación a su banco para que la haga llegar al banco del importador.

El banco del importador revisa la documentación recibida y si es correcta procede a realizar la transferencia.

Cuadro no. 7
Orden de pago documentaria

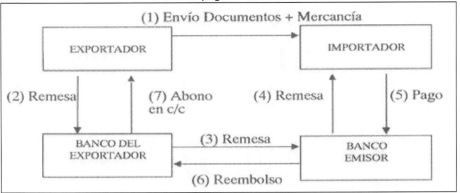

Fuente. Tomado de Economía del sector exterior (2017).

1.1.5. Remesa documentaria

Cosiste en el envío de ciertos documentos comerciales representativos de la propiedad de la mercancía exportada que pueden ir o no acompañados de documentos financieros como letras, pagares o recibos, remitidos por el exportador a través de su banco con las instrucciones de que sean entregados al importador mediante un banco de su país, cuando pague o se comprometa en firme a pagar el importe de la remesa o contra la aceptación o pago de los documentos financieros si los hubiera.

La forma como se lleva a efecto una remesa documentaria consiste en lo siguiente (García, 2008 P. 46-52):

1. El exportador envía la mercancía al importador, no así la documentación necesaria para poder retirarla de la aduana.
2. Paralelamente envía a través de su banco al banco del importador los documentos que acreditan la propiedad de la mercancía, acompañado de un documento financiero (letra de cambio o pagarés).
3. El banco del importador presenta el documento financiero a su cliente para que proceda a su pago (si la negociación es venta de contado) o a su aceptación (si la venta es con pago aplazado).
4. En el momento en que el importador paga o acepta el efecto recibe la documentación para poder retirar la mercancía.

Cuadro no. 8
Remesa Documentaria

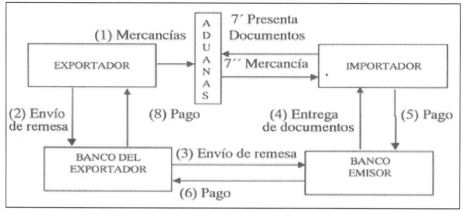

Fuente. Tomado de Economía del sector exterior (2017).

1.1.6. Crédito documentario (Carta de crédito)

Se refiere a un mandato de pago que el importador ordena a su banco para que directamente, o a través de otro banco, pague al exportador el importe de la operación, siempre y cuando éste cumpla estrictamente con todas y cada una de las condiciones impuestas en el propio crédito (García, 2008, P. 53-83).

El importador no paga hasta que el exportador no demuestra documentalmente que la mercancía se encuentra a su disposición en el lugar y en las condiciones acordados. La condición es que el pago se realice contra documentos.

Los Créditos Documentarios tienen una legislación privada que las regula contenida en las: Reglas y Usos Uniformes relativos a los Créditos Documentarios, folleto No. 600, (UCP600) revisión 2007 de la CCI de París.

Participantes de un Crédito documentario:

Banco emisor. Banco del importador que procede a la apertura del crédito. Se compromete al pago del crédito y se cumplen las condiciones exigidas en el mismo.

Banco intermediario. Interviene a solicitud del exportador o del banco emisor, fungirá como banco avisador o notificador.

Beneficiario. Es el exportador que solicita al importador la apertura del crédito y que recibe su importe, siempre y cuando cumpla estrictamente el condicionado en el mismo.

Ordenante. El importador solicita a su banco la apertura del crédito en las condiciones que ha negociado con el exportador. Tiene la potestad de fijar las condiciones bajo las cuales puede cobrar el exportador.

Banco Notificador o Avisador. Banco que comunica la apertura del crédito documentario al exportador, una vez que recibe el crédito del banco emisor. Solo es responsable de verificar la autenticidad del crédito y de comunicar al exportador su apertura.

Banco Confirmador. Banco que se compromete a realizar los compromisos adquiridos por el banco emisor en caso de que éste no les haga frente en sus, mismas condiciones. Se compromete al pago, aceptación o negociación del crédito al beneficiario.

Banco pagador. Banco que tiene la obligación de pagar al exportador. Cuando el crédito es mediante letras y las acepta, se convierte en banco aceptante quedando comprometido a pagar al beneficiario a su vencimiento.

Banco negociador. Banco que descuenta los efectos emitidos por el banco emisor contra sí mismo o contra otro banco designado por éste. Cuando el banco negociador es al mismo tiempo confirmador, el descuento o negociación se hará sin recurso contra el beneficiario.

Forma de operar de un Crédito documentario

Derivado del contrato de compraventa y la utilización del crédito documentario como mecanismo de pago, el importador solicita a su banco la apertura de dicho Crédito documentario a favor del exportador.

El banco emisor suscribe con el banco del país del exportador el documento con el que se materializa el crédito documentario e informa al importador de su apertura.

El banco del exportador notifica al interesado de la apertura del crédito documentario, así como las condiciones del mismo.

El exportador después de revisar y aceptar las condiciones del crédito procede al envío de la mercancía.

Una vez enviada la mercancía presenta el exportador los documentos en el banco avisador en el plazo estipulado.

Si los documentos son conformes, el banco avisador paga el importe del crédito. El banco emisor reembolsa al banco avisador el importe pagado. Una vez pagado el importe del crédito, el importador recibe los documentos para la liberación de la mercancía.

Gráfico no. 9
Operatividad de un Crédito Documentario

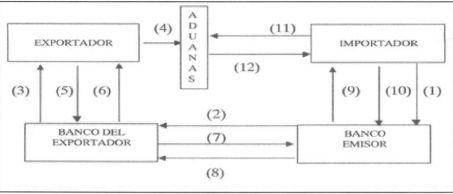

Fuente. Tomado de Economía del sector exterior (2017).

(1). Solicitud de Apertura
(2). Apertura del crédito
(3). Notificación de Apertura de crédito
(4). Envío de mercancía
(5). Entrega de documentos
(6). Pago al beneficiario
(7). Envío de documentos
(8). Reposición de fondos
(9). Entrega de documentos
(10). Reposición de fondos
(11). Entrega de los documentos
(12). Despacho de la mercancía

Fechas que deben tenerse en consideración y que se consideran fechas clave:

- Fecha máxima para embarcar la mercancía: Se utiliza cuando el importador establece que la mercancía deberá ser enviada antes de una fecha determinada.
- Fecha de validez del crédito. Fecha tope hasta la que el exportador puede presentar la documentación conforme, en las oficinas del banco donde será utilizable el crédito. (Hasta 21 días después de la fecha de embarque).
- Fecha de vencimiento del crédito. Si el crédito es contra pago a la vista o es un crédito con pago aplazado.

Criterio	Tipos de crédito documentario
Compromiso del banco emisor	(1) Revocable
	(2) Irrevocable
Compromiso del banco avisador	(3) Confirmados
	(4) No confirmados
Plazo de pago	(5) A la vista
	(6) A plazo (Pago diferido)
Utilización	(7) Pago (contra documentos)
	(8) Aceptación (Letra de cambio/Diferido)
	(9) Negociación (Sin recurso)
Lugar de cobro	(10) Cajas del banco emisor
	(11) Cajas del banco intermediario

Fuente. Elaboración propia con datos de la investigación

Carta de crédito Revocable[9]. Los créditos abiertos y antes de ser cobrados, pueden ser modificados, incluso cancelados por el importador sin consentimiento del exportador.

Carta de crédito Irrevocables. Una vez emitidos y avisados al beneficiario no se pueden modificar ni anular sin la autorización expresa de ambas partes. Deberá estar inscrito en el texto del documento, de lo contrario se considerará revocable.

Carta de crédito Confirmados. Es este caso un tercer banco garantiza el cumplimiento del pago en el supuesto de que el banco del importador no lo hiciera.

Carta de crédito No confirmado. El banco intermediario solo verificara la autenticidad del crédito, avisar al beneficiario de su apertura, recibir los documentos y enviarlos al banco emisor y pagar al beneficiario CUANDO reciba los fondos del banco emisor.

Carta de crédito A la vista. Es cobrado a la presentación de los documentos en el banco avisador.

Carta de crédito A plazo. Cuando se concede alguna fecha de gracia para su cobro: P.E. 90 días a partir de la fecha de embarque.

---

[9] Nota. Los créditos documentarios son irrevocables, salvo que, expresamente se indique lo contrario en los mismos.

Tipos de Créditos Documentarios

> - Crédito con Clausula Roja (*Red Ink Clause*)
> - Crédito con Clausula Verde (*Green Ink Clause*)
> - Crédito transferible
> - Crédito Revolvente (*Revolving*)
> - Crédito Respaldado (*Back to Back*)
> - Carta de Crédito *Stan-By*

Crédito con Clausula Roja (*Red Ink Clause*)

El Importador puede solicitar al banco emisor a que realice anticipos al exportador cuando el monto de la exportación implique grandes cantidades de fondos para la producción.

Si por alguna razón el exportador no realizara los compromisos de embarcar las mercancías estará obligado a reembolsar al banco lo recibido.

Crédito con Clausula Verde (*Ink Green Clause*)

El exportador debe justificar ante el banco emisor la utilización de los fondos obtenidos en anticipo para preparar la exportación. Para ello presentará al banco el o los documentos que acrediten la compra de mercancía estipulada en el contrato.

Crédito transferible (e Intransferible)

Se utiliza cuando el exportador debe comprar mercancías o insumos a sus proveedores. De esta manera en una carta de crédito irrevocable y transferible instruye al banco para que el crédito del que es primer beneficiario se trasfiera a varios de sus proveedores, pues es divisible con la misma garantía de cobro.

Crédito Revolvente (o *Revolving*)

Se establece por un determinado importe y una vez utilizado por el exportador, dentro del plazo de validez, se renueva automáticamente por el mismo importe.

Crédito respaldado *Back to Back*

Cuando el documento no lleva implícita la cláusula "Transferible" y el exportador desea pagar con dicho documento a alguno de sus proveedores, solicita al banco avisador/confirmador el respaldo financiero a través de un Crédito Documentario Back to Back. En este caso el banco avisador se convierte en banco emisor.

Carta de crédito *Stand-By*

Este no es propiamente dicho un medio de pago, sino más bien una garantía de pago muy utilizada en EUA. Es un compromiso de pago emitido por un banco emisor (importador) al exportador. El exportador cobra el crédito *Stand-By* cuando demuestra que el importador ha incumplido su pago, presentando los documentos que acrediten el impago.

Errores más comunes al utilizar las Cartas de crédito

1. Errores ortográficos o mecanográficos no detectados ni arreglados.
2. Falta de alguno o algunos de los documentos negociados.
3. No presentar todos los documentos solicitados en el crédito documentario.
4. Los datos de los diferentes documentos no coinciden.
5. Respecto al seguro, que no cubre los riesgos pactados, que la moneda sea diferente a la del crédito o que la fecha sea posterior a la del conocimiento de embarque.
6. La fecha del BL no es la exigida para el envío de la mercancía.

7. El BL no es limpio "*Clean on Board*", es decir, que la mercancía no ha sido recibida en buenas condiciones.
8. Los documentos se presentan fuera del plazo de validez del crédito documentario.
9. La factura es por un importe superior al admitido en el crédito.

Es importante tener en cuenta que la forma de pago internacional que elijamos para el cobro o pago de las mercancías debemos considerar que el pago debe realizarse contra entrega de los documentos comerciales, como se puede apreciar en la Orden de pago documentaria, la Remesa documentaria y sobre todo el Crédito documentario o Carta de crédito.

En este tema los Incoterms juegan un papel de gran relevancia pues dependerá del incoterm que se elija quien será quien deba contratar el transporte principal. Por ejemplo, si la condición para pagar la mercancía se establece en la carta de crédito que será contra entrega del *Bill of Lading* original (además de los otros documentos comerciales) por parte del exportador y el incoterm fue ExWorks, o FCA o FAS o FOB, entonces el exportador no podrá cumplir con dicha condición puesto que es en todos estos casos el importador quien contrata el transporte y es a él a quien le emiten y entregan todos los juegos de *Bill of Lading* de esa exportación. Forma contraria, si se escogen los Incoterms CPT, CFR, CIP y CIF, en estos casos si es el exportador a quien le emiten y entregan los documentos de transporte. Para el caso de los Incoterms DAT, DAP y DDP, también es al exportador a quien le emiten el documento de transporte, sin embargo, si la condición de pago es también el POD (*Proof of Delivery*) de entrega, será complicado conseguirlo.

II.   Los Incoterms y la Formalización de la compraventa

Una vez concluida las negociaciones, de precio, lugar de entrega, plazo de entrega y forma de pago, entonces debemos documentar las condiciones pactadas a través del a). contrato de compraventa, b). las órdenes de compra, y c). las facturas comerciales.

2.1.   Contrato de compraventa

Según la enciclopedia jurídica un Contrato de compraventa se refiere a un "Contrato por el cual uno de los contratantes se obliga a entregar una cosa determinada y el otro a pagar por ella un precio cierto, en dinero o signo que lo represente. Es un contrato consensual, bilateral, oneroso, generalmente conmutativo, y sirve para transmitir el dominio. Son requisitos de este contrato un objeto (cierto, lícito y determinado), un precio y una causa[10]".

Para el Código de comercio, "En las compraventas mercantiles, una vez perfeccionado el contrato, el contratante que cumpliere tendrá derecho a exigir del que no cumpliere, la rescisión o cumplimiento del contrato, y la indemnización, además, de los daños y perjuicios" (Art. 376).

"Una vez perfeccionado el contrato de compraventa, las pérdidas, daños o menoscabos que sobrevinieren a las mercaderías vendidas, serán por cuenta del comprador, si ya le hubieren sido entregadas real, jurídica o virtualmente; o si no le hubieren sido entregadas de ninguna de estas maneras, serán por cuenta del vendedor. En los casos de negligencia, culpa o dolo, además de la acción criminal que competa contra sus autores, serán estos responsables de las pérdidas, daños o menoscabos que por su causa sufrieren las mercancías" (Art. 377).

---

[10] http://www.enciclopedia-juridica.biz14.com/d/contrato/contrato.htm

Elementos imprescindibles de un contrato de compraventa internacional

Elementos	Descripción	Datos que debe contener
Vendedor y comprador	Datos de identificación y fiscales	Lugar, fecha y duración del contrato. Datos completos de la empresa y persona de contacto. Es muy importante verificar si la persona que firma el contrato es el representante legal de la empresa. Si es una persona designada por el gerente o administrador de la empresa podemos asegurarnos solicitándole los poderes que tiene otorgados e incluirlos cómo anexo al contrato.
Producto	*Descripción detallada *Composición *Funcionalidades *Denominación etimológica	Debe ser una descripción detallada y completa, en caso de haberse enviado una muestra, que se corresponda al o lo enviado. Indicar que respeta la normativa del país aplicable al producto.
Cantidades	*Unidad *Total de unidades *Peso *Volumen *Dimensiones	Las unidades de medida deben corresponder con las utilizadas por el que reciba la oferta Puede ser necesario utilizar medidas anglosajonas. A tener en cuenta las diferencias de uso de medidas entre unos países y otros.
Precio	*Precio por unidad *Precio total *Divisa de pago	Indicar claramente la divisa que se utilizará en la transacción económica y el Incoterm utilizado. Es conveniente indicar el precio en números y en letras.
Condiciones de Pago	Transferencia, crédito documentario Plazo, por ejemplo, a 30 días.	Indicar si el pago es anticipado, a la vista o diferido. Indicar, si fuese necesario, el nombre del banco y número de cuenta. En cuanto al pago diferido, atender a los usos y costumbres del país destino.
Garantías	Bancarias y no bancarias. Certificaciones y Homologaciones Servicio postventa	Dependen del contrato, cuando el importe de la prestación sea alto es recomendable el aval bancario a primera demanda. Especial referencia a la Norma ISO, Certificaciones de origen y a las homologaciones que pudiesen requerirse en el país del comprador.
Condiciones de Expedición	Medio de transporte Envase y embalaje	Referirse al número de cajas y unidades por caja.
Entrega	Fecha y Lugar de entrega	Dependerá del Incoterm utilizado o de lo pactado en el contrato.
Validez	Fecha y período de vigencia de la oferta	Indicar la fecha completa, día, mes y año desde la que es válida la oferta y hasta cuándo.
Aspectos legales	Ley aplicable Tribunal competente Cláusula de arbitraje Responsabilidad del vendedor y límites de responsabilidad	Debe indicarse la legislación aplicable para solucionar las controversias que pudiesen surgir entre las partes. Indicar el tribunal de que país será competente para conocer la controversia. Responsabilidad del vendedor por ejemplo en caso de retraso en la entrega y los límites de esta responsabilidad

Fuente. Cuadro tomado de http://marcotradenews.com/noticias/el-contrato-de-compraventa-internacional-19314

Cuadro no. 12
Ejemplo del contenido de un contrato en cuanto a las Condiciones de entrega:

El vendedor entregará los productos en el domicilio _____ (lugar específico) de _____(ciudad y País), en las condiciones _____ (precisar Incoterms), Incoterms 2010. Deberá entregar las mercancías en el lugar establecido y al transportista designado por el Comprador, como máximo un día antes de la fecha límite establecida en el presente contrato. Si a la llegada de la mercancía a destino, el Comprador no se hace cargo de la misma, el Vendedor podrá exigir el cumplimiento del contrato y, en concreto, que se efectúe el pago del precio convenido.

Elaboración propia con información de la investigación

Como se puede apreciar, es en el contrato de compraventa donde además de señalar los datos fiscales del comprador y del vendedor, del precio, la cantidad, la descripción de las mercancías, las condiciones de pago, las condiciones de entrega, también se señala la legislación aplicable para solucionar las controversias que pudiesen surgir entre las partes, de ahí su importancia en el desempeño del comercio internacional.

2.2. Las órdenes de compra internacional

Con respecto a la orden de compra, es importante señalar que no existe un formato o modelo único por medio del cual todos pudiéramos utilizar para realizar nuestros requerimientos de materiales, insumos, servicios, productos terminados o lo que la compañía pudiera necesitar para llevar a cabo sus fines productivos o comerciales. Sin embargo, a pesar de que todas las empresas tienen su modelo interno propio, en general una orden de compra se compone básicamente de los siguientes elementos:

- Número de orden de compra
- Nombre y dirección del vendedor/proveedor
- Nombre y dirección de la compañía que hace el pedido
- Fecha de la orden de compra, así como, fecha de entrega requerida
- Cantidad de producto/servicio requerido
- Número de parte y/o catálogo
- Descripción del producto/servicio solicitado
- Precio unitario del producto/servicio
- Costo total de la orden de compra
- Costo de envío, de manejo, de seguro y relacionados (Si los hubiera).
- Términos de entrega y de pago
- Firma autorizada del comprador

Cabe señalar que, una orden de compra a falta de un contrato de compraventa podría fungir como tal ya que de conformidad con el articulo 11 de la Convención de las Naciones Unidas sobre los Contratos de Compraventa Internacional de Mercaderías sostiene que "El contrato de compraventa no tendrá que celebrarse ni probarse por escrito ni estará sujeto a ningún requisito de forma. Podrá probarse por cualquier medio, incluso por testigos[11]".

Se debe mencionar que en muchas ocasiones por la propia dinámica del comercio internacional no llega a formalizarse un contrato de compraventa propiamente dicho para las operaciones de comercio exterior, sino que otros documentos como las órdenes de compra o las facturas comerciales firmadas por ambas partes, suplen dicho contrato. En ese sentido, en estos documentos no suele hacerse referencia a la ley aplicable en caso de conflicto como si se haría en el contrato formal de compraventa.

Es aquí donde los Incoterms juegan un papel de gran relevancia, puesto que si no se designaron tribunales en los cuales se solucionen las controversias, "el derecho internacional privado establece que serán los de aquel país en el que se haya producido la entrega de la mercancía, que es precisamente uno de los aspectos regulados en los Incoterms (Llamazares, 2014, 43)".

---

[11] Convención de las Naciones Unidas sobre los Contratos de Compraventa Internacional de Mercancías. UNCITRAL, New York, USA, 1980. http://www.uncitral.org/uncitral/es/uncitral_texts/sale_goods/1980CISG.html

En ese contexto, a falta de contrato que en sentido estricto contenga una cláusula de resolución de conflictos, las diferencias se resolverán en los tribunales del país del vendedor; así, si se utiliza EXW o los Incoterms en FCA, FAS o FOB o CPT, CFR, CIF y CIP, mientras que, si se utilizan los Incoterms DAT, DAP y DDP, con entrega en destino, los tribunales en los cuales se solucionaran las diferencias serán los del país del comprador[12]. Para tal fin, es recomendable que en la orden de compra en el "Lugar de entrega" se utilice la regla Incoterms 2010 negociado previamente.

La orden de compra es pues una solicitud o requerimiento enviada a un vendedor por determinados artículos (o servicios) a un precio convenido previamente en una oferta, en la cual se estipularán los términos de entrega del producto y el pago de los mismos. La orden de compra funge también como autorización a determinado proveedor para la entrega de dichas mercancías o servicios a través de una factura. Así cuando el vendedor acepta la orden de compra se configura un contrato de compra-venta vinculante que mencionábamos párrafos arriba.

No tiene implicación sobre el uso de los Incoterms, si bien es recomendable que en la casilla de *Delivery Place* (Lugar de entrega) se utilice algún Incoterm de acuerdo a las normas de los Incoterms 2010.

---

[12] Llamazares, Olegario (2014). Guía práctica de los Incoterms 2010. (2da. Edición). Madrid. Editorial Global Marketing.

Cuadro no. 13
Orden de compra internacional

Fecha:		Nº de Orden de Compra	
Nombre del Comprador:			
Persona de Contacto:			
Dirección:			
Teléfono:			
Fax::			
Email:			

Descripción de los Productos	Nº de Unidades	Precio Unitario (€)	Importe Total

Condiciones de Pago:	
Condiciones de Entrega:	Lugar de Entrega:

Instrucciones Especiales:

Para cualquier cuestión relativa a esta orden de pedido, contactar con:

Firmado en nombre del Vendedor: Nombre y cargo:	
Firmado en nombre del Comprador Nombre y cargo:	

Fuente. Tomado de http://www.globalnegotiator.com/es/

2.3. Las Facturas Comerciales

En comercio internacional generalmente las facturas comerciales son antecedidas por una factura proforma. La factura proforma funge como el documento mediante el cual un proveedor envía una oferta comercial a su cliente, el cual a su aceptación se convertirá en una factura comercial. De igual manera que la orden de compra, la factura comercial firmada por el vendedor y el comprador se constituye como un contrato de compraventa vinculante.

Así pues, la factura comercial se constituye como un documento emitido por un vendedor (el exportador), a un comprador, (el importador), quien previamente envío una Orden de compra, para confirmar sus intenciones de comprar algún bien (o servicio). La factura comercial es el resultado derivado de la orden de compra emitida por el importador.

La factura comercial debe contener al menos los siguientes datos:

- Nombre del exportador: Razón Social, Domicilio fiscal y Registro Federal de Contribuyentes (RFC, RUC, SIN, RNC, RUT, Tax ID, RTU, VAT[13], Etc.).
- Nombre del importador: Razón Social, Domicilio fiscal y Registro Federal de Contribuyentes (RFC, RUC, SIN, RNC, RUT, Tax ID, RTU, VAT, Etc.).
- Numero consecutivo de factura.
- Fecha de emisión.
- Descripción precisa, la cantidad de la mercancía y el precio
- Precio unitario y total de la mercancía en la divisa pactada
- Forma y condiciones de pago.
- Incoterm 2010 Utilizado (Incrementables si el Incoterm es diferente a CFR, CPT, CIF o CIP).
- Referencia a la Orden de compra y/o factura proforma.
- Forma y plazo de pago
- Especificar el origen de las mercancías.
- Código arancelario (de preferencia a 6 dígitos o preferentemente el del país de destino, si se conoce)
- Medio de transporte pactado.

---

[13] Nombres de Identificación Tributaria por Países
https://lowpostayuda.zendesk.com/hc/es/articles/115004070469-Nombres-Identificaci%C3%B3n-tributaria-por-pa%C3%ADses

Cuadro no. 14
COMMERCIAL INVOICE (Modelo 2)

La factura comercial debe ser utilizada por las empresas para la exportación de envíos con valor comercial (para venta) y/o envíos sin valor comercial cuando el valor del contenido y transporte sea superior a 1000 USD.

La factura debe ser original y debe estar impresa en papel con membrete de la empresa en la que se refleje la dirección fiscal de la empresa remitente

Todos los campos en gris son obligatorios

COMMERCIAL INVOICE   (Modelo 2)

Invoice N° Introducir número de factura
Date Introducir fecha de la factura

Invoice Address (no private individuals):	Delivery terms (Incoterms)
Proporcionar dirección fiscal válida y nombre del destinatario. Proporcionar VAT del destinatario	Reflejar condiciones de entrega (incoterms) de acuerdo a las mismas condiciones que en el contrato de venta
Ship to (no private individuals): Indicar dirección de la entrega	**Delivered under:** Indicar número y fecha del contrato de la venta
Contact person: Indicar nombre y apellidos de la persona de contacto a quien hacer la entrega	**Payment terms** Señalar las condiciones de pago, según lo recogido en el contrato de venta.
Phone: Indicar el número de teléfono de la persona de contacto	

No Item	Description	Country of origin	Net weight/kg	HS Code	Qty (pieces)	Unit price, USD	Total price, USD
1.	DESCRIPCION DETALLADA DEL CONTENIDO MOTIVO DEL ENVIO MATERIAL; MARCA MODELO,NUMERO DE SERIE,NUMERO DE PIEZA,DETALLE TECNICOS, COMPOSICION QUIMICA	PAIS DE ORIGEN NOMBRE DEL FABRICANTE	PESO NETO	APORTAR PARTIDA ARANCELARIA	NUMERO DE UNIDADES	INDICAR EL VALOR UNITARIO DE LA MERCANCIA ADJUNTAR FACTURA O TICKET DE COMPRA	VALOR TOTAL DEL CONMTENIDO O
2.							
						Total, USD	VALOR TOTAL DEL CONTENIDO (A)

Insurance cost, USD:	Indicar el coste del seguro, en caso que el envío haya sido asegurado (B)
Freight cost, USD:	Indicar el coste de transporte en USD (para incoterms DDU, CPT, CIP, CIF) (C)
Total for payment, USD:	Indicar coste total: (A) + (B)+ (C) para los incoterms DDU, CPT, CIP y CIF

Gross Weight, kg (total) :	Indicar peso bruto total, el mismo que se ha indicado en el AWB
Signed by:	Firma autorizada y sello de la empresa

Fuente: Tomado de Modelo de factura comercial DHL.
www.dhl.es/content/dam/downloads/es/express/customs.../factura_comercial_es.doc

Una vez definidos los documentos mediante los cuales formalizaremos la compraventa de mercancías, es momento entonces de iniciar definiendo quien deberá generar y/o conseguir los documentos comerciales que servirán para el despacho aduanero de los bienes en las aduanas tanto de salida como de importación, tema que analizaremos a continuación.

III. Gestión de la documentación comercial

En las operaciones comerciales internacionales, es necesario para su salida, entrada y tránsito de las mercancías, diversos documentos comerciales que han de presentarse para gestionar el despacho aduanero, tanto de exportación como de importación. Dependiendo del Incoterms negociado se determinará a quien corresponde (Importador o Exportador) obtener dichos documentos.

Los principales documentos comerciales

- a. Documentos que comprueben el valor de los bienes (factura o documento equivalente)
- b. Documentos que comprueben el transporte de las mercancías
- c. Documentos que comprueben el cumplimiento de las regulaciones no arancelarias (Permisos previos, Normas técnicas de seguridad, de sanidad, de información comercial, entre otras)
- d. Documentos que comprueben el origen de las mercancías

3.1. Documentos que comprueben el valor de los bienes (factura o documento equivalente)

Principalmente se refiere a la factura comercial, o aquel documento que manifieste cantidad, precio, descripción de las mercancías, etc., que otorgan a su vez, la propiedad de las mercancías al comprador.

Este documento demostrará el precio pagado o por pagar de las mercancías exportadas/importadas y será determinante para establecer el valor en aduana de los bienes a fin de pagar correctamente las contribuciones de comercio exterior.

Es decir, es el documento que comprueba el valor de los bienes y dependiendo del Incoterm manifestado en él, se determinará si es necesario incrementarles variables como el costo de recolección, exportación, flete y seguro para determinar una base gravable para el cálculo de los aranceles, derechos e impuestos indirectos. De ahí la importancia del documento comercial o factura comercial.

Para ejemplificar esto, vamos a suponer que en una importación a México que trae una factura con valor de 100.00 dólares americanos y un Incoterm EXW, para determinar los impuestos de importación deberemos saber los gastos incurridos hasta la aduana de entrada de las mercancías en Incoterms CFR y/o CPT (dependiendo del medio de transporte); y si en el transporte se contrató algún seguro, entonces deberá ser CIF y/o CIP (dependiendo del medio de transporte); es decir:

Valor mercancía: 100.00 Usd
Gastos en origen (Flete local, Gastos de exportación, etc.): 25.00 Usd
Transporte principal: 12.00 Usd
Seguro de la mercancía: 5.00 Usd
Valor en aduana: 142.00 Usd
Arancel: 10% = 14.20 Usd.

Como se puede apreciar, el valor en aduana[14] contiene los gastos incrementables que hacen que el arancel se pague conforme al precio inicial más los gastos logísticos hasta el punto de entrada de la mercancía, haciendo dicha base mayor que el precio inicial, lo que permite pagar más impuestos de importación que si se pagara sobre el precio EXW (100.00 X 10% = 10.00 Usd).

---

[14] Para conocer más de este tema consulte el capítulo III de la Ley aduanera

La factura comercial o el documento que acredite el valor, le corresponde emitirlo al vendedor y proporcionarlo en cualquier Incoterm utilizado.

3.2. Documentos que comprueben el transporte de las mercancías

El documento de transporte es el contrato que celebran por una parte el vendedor/comprador y por la otra un transportista o transitario con la finalidad de realizar el transporte y entrega de la mercancía a un destino determinado. Dicho contrato en transporte terrestre se le conoce como Carta Porte, en transporte marítimo como Conocimiento de Embarque (Bill of Lading), en transporte aéreo como Guía Aérea o Airwaybill y en transporte multimodal como Forwarder Bill of Lading (Fiata FBL).

i). La Carta Porte se refiere al documento utilizado por los transportistas y operadores logísticos en el que se establecen las responsabilidades y obligaciones de las partes en un contrato de transporte internacional de mercancías por carretera. Generalmente este documento lo elabora el exportador cuando se trata de los Incoterms CPT, DAT, DAP y DDP y una vez a la entrega de la mercancía la empresa porteadora o el importador firma de entregado/recibido, lo que dará fe de que el contrato se ha cumplido. La Carta Porte no es un título de propiedad lo que lo constituye como no negociable.

ii). El Conocimiento de Embarque B/L o Bill of Lading se refiere al contrato emitido por un agente naviero o una compañía de transportes ya sea al exportador o al importador de las mercancías; en los casos de los Incoterms FAS y FOB el BL es emitido y entregado al importador y en los casos CFR y CIF, le es entregado al exportador.

El BL es firmado por el capitán del buque quien evidencia la recepción de la mercancía a bordo, las condiciones en las que se realiza el transporte y el compromiso de entregar las mercancías en el puerto de destino establecido por el titular legal del conocimiento de embarque.

El Conocimiento de Embarque es un título de propiedad por lo que se constituye como documento negociable, el cual puede transferirse a un tercero mediante endoso.

iii). La guía aérea es un contrato emitido por la aerolínea o por un consolidador de carga a quien lo contrata exportador/importador; si es el exportador el contratante los Incoterms utilizados serán CPT, CIP, DAT, DDP y DDU; si es el importador el contratante, los Incoterms utilizados podrán ser EXW y FCA. En este documento queda de manifiesto que el transportista acepta la mercancía y se compromete a transportarla al aeropuerto de destino.

La Guía Aérea no es un título de propiedad lo que lo constituye como no negociable.

iiii). *Forwarder Bill of Lading* (Fiata FBL) se refiere al contrato celebrado entre exportador/importador con un transportista que ofrece transporte multimodal.
Cuando se emite "a la orden", el Conocimiento de Embarque Multimodal FBL constituye título de propiedad de la mercancía y, por tanto, puede ser negociado.

En resumen, el conocimiento de embarque es el documento expedido por la empresa transportista que da constancia de que la mercancía será embarcada a un destino determinado, asimismo, de la condición en que se encuentra. El transportista será el responsable del envío y de la custodia hasta el punto de destino de la mercancía, de conformidad con las condiciones pactadas.

La información que debe contener el conocimiento de embarque se compone básicamente de lo siguiente:

- Nombre y dirección del remitente
- Nombre y dirección del destinatario (consignatario)
- Descripción de mercancía que se transporta
- Cantidad de bultos y datos que describan a la mercancía
- País de procedencia y país de destino

- Etc.

El documento de transporte es emitido/gestionado por el exportador cuando la venta se ha negociado bajo los Incoterms CPT, CFR, CIP, CIF, DAT, DAP y DDP; para los casos EXW, FCA, FAS y FOB es el importador quien emite/gestiona el documento del transporte.

3.3. Documentos que comprueben el cumplimiento de las regulaciones no arancelarias

En este tema, la Ley de Comercio Exterior (Art. 16)[15], establece que "Las medidas de regulación y restricción no arancelarias a la importación, circulación o tránsito de mercancías, a que se refieren las fracciones III y IV del artículo 4o., se podrán establecer en los siguientes casos:

I.   Cuando se requieran de modo temporal para corregir desequilibrios en la balanza de pagos, de acuerdo a los tratados o convenios internacionales de los que México sea parte;

II. Para regular la entrada de productos usados, de desecho o que carezcan de mercado sustancial en su país de origen o procedencia;

III. Conforme a lo dispuesto en tratados o convenios internacionales de los que México sea parte;

IV. Como respuesta a las restricciones a exportaciones mexicanas aplicadas unilateralmente por otros países;

V.   Cuando sea necesario impedir la concurrencia al mercado interno de mercancías en condiciones que impliquen prácticas desleales de comercio internacional, conforme a lo dispuesto en esta Ley, y

VI. Cuando se trate de situaciones no previstas por las normas oficiales mexicanas en lo referente a seguridad nacional, salud pública, sanidad fitopecuaria o ecología, de acuerdo a la legislación en la materia".

La Ley de Comercio Exterior, establece (Art. 4° Fracción III) las medidas para regular o restringir la exportación o importación de mercancías a través de acuerdos expedidos por la Secretaría o, en su caso, conjuntamente con la autoridad competente, y publicados en el Diario Oficial de la Federación (Facultades del presidente de la República)[16].

---

[15] Ley de Comercio Exterior, 2017. Cámara de Diputados. México.
http://www.diputados.gob.mx/LeyesBiblio/pdf/28.pdf
[16] Los anexos 2.2.1., 2.4.1., 2.5.1. publicados por la Secretaría de economía nos dan una lista de fracciones arancelarias de mercancías que requieren Permisos previos, Normas Oficiales Mexicanas y pago de Cuotas Compensatorias.
Avisos automáticos (Art. 17 LCE & Anexo 2.2.1.)
Se entiende por **Aviso Automático** a la autorización que emite la Secretaría de Economía a las personas físicas o morales que cumplan con los requisitos legales establecidos en el marco legal vigente para efectuar importaciones o exportaciones de mercancías.
El Aviso Automático es la autorización emitida por la Secretaria de Economía para efectos de poder importar o exportar las mercancías que se encuentran dentro de dicho esquema.
116 fracciones arancelarias están sujetas a Aviso Automático, 114 de importación y 2 de exportación.
Importación: Productos siderúrgicos: tubos con y sin costura, placas en rollo, láminas roladas en frío y en caliente, planchón, barras de acero y alambrón, entre otros, clasificados en 113 fracciones arancelarias; Máquinas tragamonedas. En Exportación, solamente el Tomate fresco.
Se entiende por **cupo** de exportación o importación el monto de una mercancía que podrá ser exportado o importado, ya sea máximo o dentro de un arancel-cupo. La administración de los cupos se podrá hacer por medio de permisos previos (Art. 23 LCE).
En todo caso, la importación, circulación o tránsito de mercancías estarán sujetos a las **normas oficiales mexicanas** de conformidad con la ley de la materia. No podrán establecerse disposiciones de normalización a la importación, circulación o tránsito de mercancías diferentes a las normas oficiales mexicanas. Las mercancías sujetas a normas oficiales mexicanas se identificarán en términos de sus fracciones arancelarias y de la nomenclatura que le corresponda conforme a la tarifa respectiva.

Clasificación de las Regulaciones y Restricciones No Arancelarias

Restricciones no arancelarias cuantitativas: Permisos previos de importación o exportación; Avisos automáticos; Cupos; Medidas contra prácticas desleales de comercio.

Regulaciones no arancelarias cualitativas: Regulaciones de etiquetado; Regulaciones de envasado y embalaje; Regulaciones sanitarias (fitosanitarias / zoosanitarias); Marcado de país de origen; Regulaciones de Toxicidad; Normas de calidad; Regulaciones ecológica; entre otras

El cumplimiento de las regulaciones no arancelarias se establece por medio de los siguientes documentos:

- Certificación de Origen (formato)
- Autorizaciones por parte de la Secretaría de la Defensa Nacional (SEDENA)
- Autorización Previa del Instituto Nacional de Antropología e Historia (INAH) o del Instituto Nacional de Bellas Artes y Literatura (INBAL)
- Aviso Previo ante la Secretaría de Salud (SS)
- Certificación de la Asociación Mexicana de la Cadena Productiva del Café, A.C.
- Permiso previo de Exportación de la Secretaria de Economía (Armas, Partes y componentes, bienes de uso dual, Software y Tecnologías)
- Autorización Previa de la Secretaría De Energía (SENER)

La Secretaría (de Economía) determinará las normas oficiales mexicanas que las autoridades aduaneras deban hacer cumplir en el punto de entrada de la mercancía al país. Esta determinación se someterá previamente a la opinión de la Comisión y se publicará en el Diario Oficial de la Federación (Art. 26 LCE).

De conformidad con la Ley Federal de Metrología y Normalización básicamente existen tres tipos de normas (Art. 2 de Reglamento)[16]:

Normas Oficiales Mexicanas (NOM). Regulaciones técnicas de carácter obligatorio. Regulan los productos, procesos o servicios, cuando éstos puedan constituir un riesgo para las personas, animales y vegetales, así como el medio ambiente en general, entre otros.

Normas Mexicanas (NMX). Elaboradas por un organismo nacional de normalización, o la Secretaría de Economía. Establecen los requisitos mínimos de calidad de los productos y servicios, con el objetivo de proteger y orientar a los consumidores. Su aplicación es voluntaria, con excepción de los casos en que los particulares manifiesten que sus productos, procesos o servicios son conformes con las mismas; cuando en una NOM se requiera la observancia de una NMX para fines determinados.

Normas de Referencia (NRF). Elaboradas por las entidades de la administración pública para aplicarlas a los bienes o servicios que adquieren, arrienden o contraten, cuando las normas mexicanas o internacionales no cubran los requerimientos de las mismas o sus especificaciones resulten obsoletas o inaplicables.

Cuotas Compensatorias

Las Cuotas Compensatorias son aranceles que se aplican a las mercancías importadas en condiciones de discriminación de precios o de subvención en su país de origen, conforme a lo establecido en la Ley de Comercio Exterior.

Las cuotas compensatorias se establecen cuando es necesario impedir la concurrencia al mercado interno de mercancías en condiciones que impliquen prácticas desleales de comercio internacional, así como para contrarrestar los beneficios de subsidios a los productores o exportadores del país exportador.

El establecimiento de las mismas se determina por la Secretaría de Economía y se realiza a través de una investigación conforme al procedimiento administrativo previsto en la Ley y sus disposiciones reglamentarias.

Las cuotas serán equivalentes, en el caso de discriminación de precios, a la diferencia entre el valor normal y el precio de exportación; y en el caso de subvenciones, al monto del beneficio y podrán tener el carácter de provisionales o definitivas.

La Secretaría de Hacienda y Crédito Público es la encargada del cobro de las cuotas a las personas físicas o morales, que estén obligadas al pago de estas.

- Certificación de la Secretaría de Agricultura, Ganadería, Desarrollo Rural, Pesca y Alimentación (SAGARPA)
- Certificación de la Secretaría de Medio Ambiente y Recursos Naturales (SEMARNAT)
- Regulación Sanitaria de la Secretaría de Salud (SS)
- Autorización Previa de la Comisión Intersecretarial para el Control del Proceso y Uso de Plaguicidas, Fertilizantes y Sustancias Toxicas (CICOPLAFEST)
- Permiso Previo para Exportar Azúcar a EUA
- Permiso Previo de la Secretaría de Energía (SENER)
- Permiso Previo de la Secretaría de Economía (SE)
- Mercancías sujetas a Cuota Compensatoria

3.4. Documentos que comprueben el origen de las mercancías

Los certificados de origen

El certificado de origen se refiere al documento que certifica que un bien es originario de un país o territorio cuando:

a) el bien sea obtenido en su totalidad o producido enteramente en territorio de una o más de las Partes.

b) cada uno de los materiales no originarios que se utilicen en la producción del bien sufra uno de los cambios de clasificación arancelaria.

(c) el bien se produzca enteramente en territorio de una o más de las Partes, a partir exclusivamente de materiales originarios; o

(d) el bien sea producido enteramente en territorio de una o más de las Partes, pero uno más de los materiales no originarios utilizados en la producción del bien y considerados como partes de conformidad con el Sistema Armonizado, no sufra un cambio de clasificación arancelaria debido a que: (i) el bien se ha importado a territorio de una Parte sin ensamblar o desensamblado, pero se ha clasificado como un bien ensamblado de conformidad con la Regla General de Interpretación 2(a) del Sistema Armonizado; o (ii) la partida para el bien sea la misma tanto para el bien como para sus partes y los describa específicamente, y esa partida no se divida en subpartidas, o la subpartida arancelaria sea la misma tanto para el bien como para sus partes y los describa específicamente; siempre que el valor del contenido regional del bien no sea inferior al 60 por ciento cuando se utilice el método de valor de transacción, ni al 50 por ciento cuando se emplee el método de costo neto, y el bien satisfaga los demás requisitos aplicables de este capítulo (Ver TLCAN, Art. 401).

El certificado de origen sirve al importador para reducir, y en muchos casos eliminar el arancel de importación a pagar.

Ejemplo ilustrativo 3

Si se pretende la importación de Compresores remolcables de la fracción 8414.40.01.; Como se puede apreciar, dicha fracción paga un arancel normal de 15% (y 0% a la exportación) y 16% de IVA. Sin embargo, si este compresor tiene como país de origen alguno de los países con los que México tiene firmado algún tratado o acuerdo comercial, este arancel de 15% queda exento, excepto los casos de Japón y Panamá como se puede apreciar en las notas descritas abajo.

Tarifa de la Ley de Impuestos
Generales de Importación
y de Exportación

Sección:	XVI	Máquinas y aparatos, material eléctrico y sus partes; aparatos de grabación o reproducción de sonido, aparatos de grabación o reproducción de imagen y sonido en televisión, y las partes y accesorios de estos aparatos
Capítulo:	84	Reactores nucleares, calderas, máquinas, aparatos y artefactos mecánicos; partes de estas máquinas o aparatos
Partida:	8414	Bombas de aire o de vacío, compresores de aire u otros gases y ventiladores; campanas aspirantes para extracción o reciclado, con ventilador incorporado, incluso con filtro.
Subpartida:	841440	- Compresores de aire montados en chasis remolcable con ruedas.
Fracción:	84144001	Compresores o motocompresores, con capacidad hasta 31.5 m3 por minuto y presión de aire hasta 17.6 kg/cm².

Frontera   .

	Resto del Territorio		Franja		Región		.
UM: Pza.	Arancel	IVA	Arancel	IVA	Arancel	IVA	
Importación	15	16%				16%	
Exportación	Ex.	0%					

ATADOS DE LIBRE COMERCIO					
E.U.A.	Canadá	Com. Europea	Israel	Uruguay	Japón
Ex.	Ex.	Ex.	Ex.	Ex.	Nota Japón
Islandia	Noruega	Suiza	Liechtenstein	Bolivia	Panamá
Ex.	Ex.	Ex.	Ex. Art. 3 TLC	Ex.	Nota Panamá
Costa Rica	El Salvador	Guatemala	Honduras	Nicaragua	
Ex.	Ex.	Ex.	Ex.	Ex.	
Colombia	Chile	Perú			
Ex.	Ex.	Ex.			
Con Alianza del Pacifico					
Colombia	Chile	Perú			
Ex.	Ex.	Ex.			

ASOCIACIÓN LATINOAMERICANA DE INTEGRACIÓN (ALADI)			
Acuerdo Regional No.2 (Ecuador)	Acuerdo Regional No.3 (Paraguay)	Acuerdo Regional No.4 (Paraguay, Ecuador, Cuba, Panamá, Argentina y Brasil)	Acuerdo Regional No.7 (Argentina, Brasil, Colombia, Perú, Uruguay, Paraguay, Cuba, Ecuador, Chile, Bolivia y Panamá)
Acuerdo Parcial No. 29 (Ecuador)	Acuerdo Parcial No. 38 (Paraguay)		
ACE No. 6 (Argentina)	ACE No. 51 (Cuba)	ACE No. 53 (Brasil)	ACE No. 54 (Argentina, Brasil, Paraguay y Uruguay)
ACE No. 55 (Argentina, Brasil, Paraguay y Uruguay)	ACE No. 61 (Colombia y Venezuela)	ACE No. 66 (Bolivia) A partir del 7/junio/2010 Ex.	

Nota Japón: A partir del 1 de julio de 2012, la importación de esta mercancía originaria del Japón, estará sujeta a la desgravación arancelaria que se indica en la columna correspondiente para cada año (Apéndice del Acuerdo por el que se da a conocer la Tasa Aplicable a partir del 1 de julio de 2012 del IGI para las mercancías originarias del Japón, DOF 29/VI/2012):

Del 1 de julio de 2012 al 31 de marzo 2013	Del 1 de abril de 2013 al 31 de marzo de 2014	Del 1 de abril de 2014 al 31 de marzo de 2015	A partir del 1 de abril de 2015
4.6	2.3	Ex.	Ex.

Nota Panamá: A partir del 1° de julio de 2015, la importación de esta mercancía originaria de Panamá, estará sujeta al arancel preferencial que se indica en la columna correspondiente para cada año (Punto Sexto y Apéndice I del Acuerdo que da a conocer la Tasa aplicable del IGI para las mercancías originarias de Panamá, DOF 29/VI/2015):

A partir del 1 de julio al 31 de diciembre de 2015	Del 1 de enero al 31 de diciembre de 2016	Del 1 de enero al 31 de diciembre de 2017	Del 1 de enero al 31 de diciembre de 2018	A partir de 2019
12	9	6	3	Ex.

Fuente. http://siicex-caaarem.org.mx

Cuadro no. 16
Certificado de Origen TLCAN
Tratado de Libre Comercio de América del Norte

Certificado de Origen
(Instrucciones al Reverso)

Llenar a máquina o con letra de molde

1. Nombre y domicilio del exportador:	2. Periodo que cubre:
①	DD MM AA **②** DD MM AA De:_/_/_/_/_/_/ A:_/_/_/_/_/_/
Número de Registro Fiscal:	
3. Nombre y domicilio del productor: **③**	4. Nombre y domicilio del importador: **④**
Número de Registro Fiscal:	Número de Registro Fiscal:

5. Descripción del (los) bien(es)	6. Clasificación arancelaria	7. Criterio para trato preferencial	8. Productor	9. Costo Neto	10. País de Origen
⑤	**⑥**	**⑦**	**⑧**	**⑨**	**⑩**

Declaro bajo protesta de decir verdad que:

- La información contenida en este documento es verdadera y exacta, y me hago responsable de comprobar lo aquí declarado. Estoy consciente que seré responsable por cualquier declaración falsa u omisión hecha en o relacionada con el presente documento.

- Me comprometo a conservar y presentar, en caso de ser requerido, los documentos necesarios que respalden el contenido del presente certificado, así como a notificar por escrito a todas las personas a quienes entregue el presente certificado, de cualquier cambio que pudiera afectar la exactitud o validez del mismo.

- Los bienes son originarios del territorio de una o más de las partes y cumplen con los requisitos que les son aplicables conforme al Tratado de Libre Comercio de América del Norte, no han sido objeto de procesamiento ulterior o de cualquier otra operación fuera de los territorios de las Partes, salvo en los casos permitidos en el artículo 411 o en el Anexo 401.

Este certificado se compone de _____ hojas, incluyendo todos sus anexos.

11. Firma autorizada: **⑪**	Empresa:
Nombre:	Cargo:
Fecha: DD MM AA _/_/_/_/_/_/	Teléfono: Fax:

Fuente: Servicio de Administración Tributaria (2017).
http://www.sat.gob.mx/informacion_fiscal/normatividad/Documents/CertificadoOrigen.pdf

① Nombre completo, denominación o razón social, domicilio (incluyendo el país) y número de registro fiscal del EXPORTADOR.

② Periodo que ampare el Certificado de Origen.

③ Nombre completo, denominación o razón social, domicilio (incluyendo el país) y número de registro fiscal del PRODUCTOR.

④ Nombre completo, denominación o razón social, domicilio (incluyendo el país) y número de registro fiscal del IMPORTADOR (anexar número de registro del importador).

5 Descripción completa de cada bien relacionada con la descripción de la factura, así como con la del Sistema Armonizado.

6 Declarar la clasificación arancelaria a seis dígitos que correspondan en el Sistema Armonizado a cada bien descrito en el campo 5. En caso de que el bien este sujeto a una regla especifica de origen que requiera 8 dígitos deberá declararse a 8 dígitos.

7 Indicar el criterio (de la A a la F) aplicable para cada bien en el campo 5. Las reglas de origen se encuentran en el capítulo 4 y en el anexo 401 del TLCAN. Reglas adicionales en el anexo 703.2 (determinados productos agropecuarios), apéndice 6-A del anexo 300-B (determinados productos textiles) y anexo 308.1 (determinados bienes para el procesamiento automático de datos y sus partes)

8 Para cada bien descrito en el campo 5, indicar "SI" cuando se trate del productor del bien. En caso de que no sea el productor, indique "NO", seguido por (1), (2) o (3), dependiendo de si el certificado se basa en alguno de los sig. Supuestos: (1).- Su conocimiento de que el bien califica como originario; (2).- Su Confianza razonable en una declaración escrita del productor (distinta a un Certificado de Origen), de que el bien califica como originario; o (3).- Un certificado que ampare el bien, llenado y firmado por el productor, proporcionado voluntariamente por el productor al exportador.

9 Cuando el bien este sujeto a un requisito de valor de contenido regional (VCR), indicar "CN" si el VCR se calculó con base en el método del costo neto; de lo contrario indicar "NO". Si el VCR se calculó de acuerdo al método de costo neto en un periodo de tiempo. (Referencia: Arts. 402.1 y 402.5).

10 MX / EU /CA.

11 Este campo deberá ser llenado, firmado y fechado por el exportador y/o productor.

Actualmente México cuenta con una red de Tratados de Libre Comercio con más de 44 países (TLCs), 30 Acuerdos para la Promoción y Protección Recíproca de las Inversiones (APPRIs) y 9 acuerdos de alcance limitado (Acuerdos de Complementación Económica y Acuerdos de Alcance Parcial) en el marco de la Asociación Latinoamericana de Integración (ALADI).

En el caso de nuestro país, existe un certificado de origen que sólo se usa para demostrar que el, o los productos que ampara fueron fabricados en México y no para obtener reducciones en los impuestos de importación en los mercados de destino. Estos certificados se expiden para exportaciones que van con destino a países con los que nuestro país no tiene celebrado un Tratado o Acuerdo Comercial Internacional. Este tipo de certificado puede servir para la reducción o eliminación de alguna cuota compensatoria que se tenga para otros países distintos al nuestro. Sucede de igual manera a la importación hacia México.

Cuadro no. 17
Certificado de Origen de artículos mexicanos

CERTIFICADO DE ORIGEN DE ARTICULOS MEXICANOS

(Instrucciones al Reverso)

1.- Nombre y Domicilio del Exportador.	2.- Nombre y domicilio del Importador.
Número de Registro Fiscal:	Número de Registro Fiscal:

3.- Clasificación arancelaria.	4.- Descripción de la mercancía, cantidad y unidad de medida.	5.- Criterio de Origen	6.- Número de Factura.

7.- Observaciones:

8.- VALIDACIÓN DEL CERTIFICADO DE ORIGEN (EXCLUSIVO PARA USO OFICIAL)	9.- DECLARACIÓN DEL EXPORTADOR
	El que suscribe declara que las mercancías arriba descritas cumplen las condiciones exigidas para la expedición del presente certificado.
	Lugar y fecha _____
	Firma _____
	Nombre _____
	Empresa _____
	Cargo _____
	Teléfono/Fax _____
(País, lugar y fecha, nombre, firma y sello)	Correo electrónico

El certificado de origen siempre será emitido por el exportador en todos los Incoterms (En EXW no está obligado, pero si el comprador lo solicita, este deberá ser emitido por el vendedor) para que el comprador pueda aplicar alguna preferencia arancelaria si el país importador es miembro de algún tratado o acuerdo firmado por México.

IV.   La contratación del Transporte en los Incoterms

Una vez que se ha negociado una compraventa internacional, se ha formalizado ya sea a través de un contrato de compraventa, o cualquier otro documento como la orden de compra y/o la factura comercial y se cuentan con los documentos para iniciar el movimiento físico de las mercancías. Es entonces momento de iniciar con la gestión logística para hacer llegar las mercancías del punto de origen a destino. Aquí, los Incoterms juegan un rol de gran relevancia debido a que el Incoterms negociado determinará a quien de los dos (Exportador o Importador) le corresponde contratar y pagar el transporte de las mercancías. Por ejemplo, en los Incoterms EXW, FCA, FAS y FOB es el comprador el responsable de contratarlo y pagarlo. Por el contrario, en los Incoterms CPT, CFR, CIF y CIP, DAT, DAP y DDP, es el vendedor quien contrata y paga el transporte principal hasta el punto convenido.

Es importante señalar que desde el momento en que las mercancías salen a tránsito, la mayor parte del tiempo se la van a pasar en movimiento, es decir, en un medio de transporte, en un almacén en puerto, o aeropuerto, en una aduana, en el transporte principal, etc., hasta llegar a al destino que se haya convenido.

La función de los Incoterms consiste en que importadores y exportadores se pongan de acuerdo para delimitar un lugar preciso donde se entregará la mercancía, también para determinar a quién le corresponde proporcionar los documentos comerciales para los efectos del despacho aduanero, así como delimitar la transmisión de riesgos en el transporte y finalmente para repartir los costos logísticos entre ambos.

4.1. Contratación del transporte en ExWorks (Transporte multimodal)

El vendedor no tiene ninguna obligación de contratar ningún tipo de transporte, ya que será el comprador por su cuenta y riesgo, quien deba hacer la recolección en origen y llevar las mercancías hasta el destino final. No existe tampoco por parte del vendedor ninguna obligación de contratar un seguro de la mercancía. En cuanto a la transmisión del riesgo, éste se da cuando las mercancías se han puesto a disposición del comprador en el lugar acordado.

4.2. Contratación del transporte en FCA (Transporte multimodal)

En este Incoterms existen dos modalidades, la primera consiste en que el vendedor entrega las mercancías en la aduana de salida, con transporte pagado hasta ese lugar, ya sea un aeropuerto o alguna aduana fronteriza, con las formalidades aduaneras de exportación cumplidas, y transmitiéndose el riesgo de la mercancía en ese mismo punto de entrega. En cuanto al seguro, el exportador no tiene ninguna obligación de contratarlo.
La segunda modalidad consiste en que el comprador ordena la recolección en las instalaciones del vendedor (bodega, planta, almacén, etc.) con un transporte por él pagado y el vendedor sólo debe encargarse de cargar las mercancías al medio de transporte y cumplir con las formalidades aduaneras de exportación. En este caso, la trasmisión del riesgo se produce cuando la mercancía ha sido cargada en la unidad de transporte que el comprador ha enviado para la recolección de las mercancías.

4.3. Contratación del transporte en FAS (Transporte marítimo)

Para el Incoterms FAS, el vendedor debe contratar el transporte local para hacer llegar las mercancías a la aduana de salida, no está obligado a contratar un seguro para las mercancías. En este caso la transmisión del riesgo se produce cuando las mercancías son puestas al costado del barco para ser cargadas. En este Incoterms, el vendedor debe realizar el despacho de exportación de las mercancías y pagar las maniobras para ponerlas al costado del barco.

4.4. Contratación de transporte en FOB (Transporte marítimo)

Para el Incoterms FOB, el vendedor solo contrata el transporte local para hacer llegar las mercancías a la aduana marítima de salida. No está el vendedor obligado a la contratación de algún tipo de seguro. La transmisión del riesgo de las mercancías se produce cuando la mercancía ha sido cargada, estibada y trincada a bordo del barco. El vendedor debe hacerse cargo del despacho aduanero de exportación y pagar las maniobras de exportación hasta que ha sido cargado, estibado y trincada a bordo del barco.

4.5. Contratación del transporte en CFR (Transporte marítimo)

En este Incoterms a diferencia de los anteriores, al vendedor no solamente está obligado a contratar y pagar el transporte local para llevar las mercancías a la aduana de salida, también tiene la obligación de pagar el transporte internacional que hará llegar las mercancías hasta la aduana marítima del país del comprador. No está obligado el vendedor a contratar ningún tipo de seguro. Si existe la obligación por parte del vendedor de realizar el despacho aduanero de exportación y las maniobras generadas en ese proceso. La transmisión del riesgo se produce cuando las mercancías han sido cargadas, estibadas y trincadas en el puerto del país de exportación.

4.6. Contratación del transporte en CPT (Transporte multimodal)

En CPT el vendedor debe contratar el transporte local e internacional para hacer llegar las mercancías hasta el lugar acordado. El riesgo se transmite cuando la mercancía fue puesta a deposición del medio de transporte en el país de exportación. No existe obligación por parte del vendedor de contratar algún tipo de seguro. Si existe la obligación del vendedor de encargarse de los trámites aduaneros de exportación, así como de pagar las maniobras generadas en la aduana para esos fines.

4.7. Contratación del transporte en CIF (Transporte marítimo)

Bajo este Incoterms CIF, es obligación del vendedor contratar el transporte local e internacional para hacer llegar las mercancías hasta el puerto del país del comprador. En este Incoterms existe la obligación por parte del vendedor contratar un seguro para las mercancías exportadas. La transmisión del riesgo se produce cuando las mercancías han sido cargadas, estibadas y trincadas en el puerto de salida del país de exportación. Las formalidades y gastos generados por el despacho aduanero de exportación corren por cuenta del vendedor.

4.8. Contratación del transporte en CIP (Transporte multimodal)

Bajo este Incoterms CIP, es obligación del vendedor contratar el transporte local e internacional para hacer llegar las mercancías hasta el aeropuerto del país del comprador. En este Incoterms existe la obligación por parte del vendedor contratar un seguro para las mercancías exportadas. La transmisión del riesgo se produce cuando las mercancías han sido cargadas en el medio de transporte del país de exportación. Las formalidades y gastos generados por el despacho aduanero de exportación corren por cuenta del vendedor.

4.9. Contratación del transporte en DAT (Transporte multimodal)

Para el Incoterms DAT, el vendedor corre con todos los gastos del despacho de las mercancías en el país de exportación, así como con los gastos del transporte local e internacional para hacer llegar las mercancías hasta alguna terminal del país del comprador. En este Incoterms la transmisión del riesgo se produce en la terminal donde son puestas las mercancías a disposición del comprador. No existe obligación por parte del vendedor la contratación de algún seguro para las mercancías exportadas.

4.10. Contratación del transporte en DAP (Transporte multimodal)

En este Incoterms el vendedor corre con todos los gastos para entregar las mercancías en el lugar indicado por el comprador, es un servicio puerta-puerta con todo incluido excepto que el vendedor no está obligado a realizar el despacho aduanero de importación, este trámite deberá ser realizado por el comprador.

4.11. Contratación del transporte en DDP (Transporte multimodal)

Este Incoterms implica una entrega puerta-puerta; aquí el vendedor debe realizar la contratación de todos los medios de transporte para hacer llegar la mercancía al lugar indicado por el comprador. En este Incoterms la transmisión del riesgo se produce cuanto la mercancía fue entregada al comprador en el medio de transporte. No está obligado el vendedor a contratar un seguro para las mercancías que transporta.

V. Cumplimiento de la normatividad aduanera para el ingreso de las mercancías

En Comercio Internacional, para poder ingresar mercancías a los diferentes países del mundo, son necesarios el cumplimiento tanto de regulaciones arancelarias como de regulaciones no arancelarias. Para el primer caso, es indispensable que determinemos previamente al envío de las mercancías, cuál es la fracción arancelaria en la cual están clasificadas nuestros productos. Esto nos permitirá conocer cuál es la tasa arancelaria a la cual está sujeta nuestra mercancía, esto nos permite además conocer cuánto se deberá pagar como impuesto de importación.

En cuanto a las regulaciones no arancelarias, el conocimiento de la fracción arancelaria nos permitirá saber cuáles son los requisitos documentales a los cuales está sometida nuestra mercancía cuando pretendamos ingresarla a ese país: permisos previos, avisos automáticos, normas de etiquetado, cutoas compensatorias, entre otras.

En ese sentido, existen diversos sitios en internet que nos ayudan a conocer cuáles son los requisitos arancelarios y no arancelarios para el ingreso de las mercancías a los países; para el caso de México en http://www.siicex.gob.mx/portalSiicex/ podemos conocer dichos requisitos para la importación y la exportación de bienes, además de otra mucha información técnica que nos hace más sencillo el proceso.

A nivel mundial, otra página que nos ayuda a conocer los requisitos arancelarios y no arancelarios, (prácticamente de todos los países del mundo) es el sitio de *Market Access Database* http://madb.europa.eu/madb/indexPubli.htm. Este sitio fue creado por la Unión Europea para que sus miembros puedan exportar hacia el resto del mundo. Es de gran utilidad ya que, aunque los países no sean miembros de la UE pueden consultar los requisitos de ingreso de mercancías en todos los demás países que no forman parte de la Unión Europea.

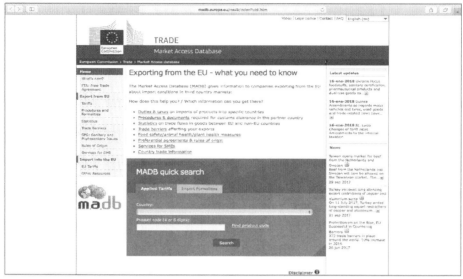

Fuente: disponible en http://madb.europa.eu/madb/indexPubli.htm.

Otro sitio creado por la Unión Europea es sitio *Trade Helpdesk*, http://trade.ec.europa.eu/tradehelp/ el cual nos presenta los requisitos de ingreso de mercancías de cualquier parte del mundo al mercado europeo.

Imagen No. 2
Trade Helpdesk

Fuente. Disponible en http://trade.ec.europa.eu/tradehelp/

Sin duda estos tres portales nos sirven para poder realizar nuestra investigación arancelaria lo que nos permitirá conocer previamente si nos será posible ingresar a los mercados internacionales.

El cumplimiento de las Regulaciones Arancelarias y no Arancelarias deberá ser siempre a cargo del importador-comprador en cualquiera de los Incoterms, sin embargo, si la venta es EXW el exportador solo debió emitir la factura y el importador todos los demás documentos que le permitan realizar la exportación, la importación y todo lo relacionado con la gestoría documental que represente. En el caso de que la venta haya sido DDP, el exportador deberá gestionar todos los documentos para exportar e importar la mercancía. En los demás casos FCA, FAS, FOB, CFR, CPT, CIP, CIF, DAP y DAT el importador no se preocupa por las gestiones de la exportación, pero si deberá ocuparse de gestionar los documentos para la importación cumpliendo con todos los requisitos para su correcta internación al país del comprador.

VI.   Los Incoterms 2010 y las notas de orientación

A continuación, analizaremos los once Incoterms uno a uno para entender mejor su aplicación. Veremos algunos ejemplos ilustrativos con la finalidad de entender mejor el reparto de obligaciones, responsabilidades y costos entre compradores y vendedores y de esta forma al momento de celebrar una operación comercial, brinde a vendedores y compradores los conocimientos plenos para no incidir en errores en el proceso de compra-venta.

6.1.   Incoterms: EXW ExWorks / En Fabrica
Grupo: 1 " E " Salida

Lugar de entrega	Documentos comerciales y trámites a cargo del exportador	Lugar de transmisión de riesgo	Reparto de costos logísticos
Planta o Bodega del exportador	• Factura comercial • Lista de empaque • Certificado de origen	En la planta o bodega del exportador	El importador soporta todos los gastos desde la bodega o planta del vendedor.

Grafico no. 1
Cadena logística Internacional

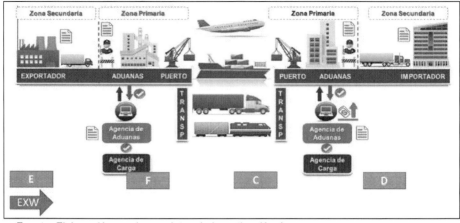

Fuente. Elaboración propia con datos de investigación. Imagen tomada de http://www.casasauza.com/procesos-tequila-sauza/la-logistical-negocio-tequila

Modo de transporte. Cualquier medio de transporte: Aéreo, marítimo, terrestre y multimodal)

Lugar de Entrega/Recepción de la mercancía. Al momento que pone la mercancía a disposición del comprador en las instalaciones del vendedor o en otro lugar designado (es decir, taller, fábrica, almacén, etc.).

Carga en medio de transporte. El vendedor no tiene que cargar la mercancía en ningún vehículo de recogida.

Transmisión del riesgo. El riesgo lo transmite el vendedor al comprador al momento que la mercancía es puesta a disposición del comprador, antes de que ésta sea cargada al medio de transporte.

Documentos de entrega. No existe obligación por parte del vendedor de comprobar al comprador la recolección de la mercancía, ya que es este último el que contrata el transporte y es el comprador quien tiene control sobre el medio de transporte.

El vendedor tiene la obligación de proporcionar los documentos comerciales para que el comprador realice la exportación como facturas y listas de empaque, y pueda realizar a su vez el despacho de importación[17].

---

[17] Nota. En México todas las exportaciones están exentas del pago del Impuesto al Valor Agregado (IVA), sin embargo, una obligación para poder comprobar la tasa cero de dicho impuesto es que se compruebe la exportación a través del pedimento aduanero, sin este documento a nombre del que generó la factura, se presumirá que

Despacho de exportación/Importación. Será el comprador quien realice por su propia cuenta el despacho de exportación y el despacho de importación.

Contrato de transporte. Es el comprador quien contratará el transporte desde origen hasta destino.

Contratación del seguro de transporte. No existe obligación de ninguna de las partes de contratar un seguro, sin embargo, quien corre el riesgo de la mercancía desde que ésta fue puesta a su disposición es el comprador, por lo que corresponde a éste su deseo de contratarlo o no.

Notas:

a) El vendedor no tiene ninguna obligación ante el comprador de cargar la mercancía, incluso si, en la práctica, el vendedor pueda estar en mejor situación para hacerlo. Si el vendedor sí la carga, lo hace a riesgo y expensas del comprador. En los casos en que el vendedor está en mejor situación para cargar las mercancías, FCA, que obliga al vendedor a hacerlo a su riesgo y expensas, suele ser más apropiado.

b) El comprador que adquiere a un vendedor en condiciones EXW para exportar ha de ser consciente que el vendedor tiene la obligación de proporcionar sólo la ayuda que el comprador pueda requerir para efectuar dicha exportación: el vendedor no está obligado a organizar el despacho de exportación. Por consiguiente, es muy recomendable que los compradores no utilicen EXW si no pueden obtener directa o indirectamente el despacho de exportación.

c) El comprador tiene una obligación limitada de proporcionar al vendedor información relacionada con la exportación de la mercancía. Sin embargo, el vendedor puede necesitar esta información, por ejemplo, con finalidades fiscales o informativas.

Ventajas de utilizar ExWorks:

Para el vendedor	Para el comprador
Permite un precio más bajo debido a que no representa ningún gasto logístico.	El comprador tiene control de la mercancía desde que son cargadas al medio de transporte.
Permite hacer ofertas inmediatas sin necesidad de conocer las variables que debe efectuarse en una cadena logística internacional. Se asemeja a una venta nacional	Si es un comerciante habitual, le permite obtener mejores tarifas de transporte y gestión logística que su contraparte, lo que redunda en mejores beneficios monetarios.
Le permite dedicar más tiempo a la producción de bienes sin distraerse en la gestión logística, la cual no es su principal negocio.	Le permite poder consolidar mercancías en ese país y utilizar un solo envío de diferentes proveedores.

Desventajas de utilizar ExWorks

Para el vendedor	Para el comprador

---

dicha operación fue una venta nacional y deberá pagarse el impuesto omitido.

| Pierde competitividad frente a otros comerciantes que ofrecen un servicio más integral, inclusive con entrega de puerta a puerta. | Menor nivel de servicio para el comprador, quien tendrá la obligación de contratar toda la gestión logística para hacerse llegar la mercancía. |
| No tiene control sobre la exportación por lo que no podrá comprobar la salida del país de la mercancía, lo que para efectos fiscales estará obligado a comprobar la compraventa internacional. | El comprador generalmente desconoce los requisitos aduaneros del país de procedencia de las mercancías, lo que le limita en cierta medida poder llevar eficientemente la gestión del despacho aduanero de exportación |

Notas de orientación: Obligaciones generales del vendedor VS Comprador[18]

A OBLIGACIONES DE LA EMPRESA VENDEDORA	B OBLIGACIONES DE LA EMPRESA COMPRADORA
A1 Obligaciones generales del vendedor	**B1 Obligaciones generales del comprador**
El vendedor debe suministrar la mercancía y la factura comercial de conformidad con el contrato de compraventa y cualquier otra prueba de conformidad que pueda exigir el contrato Cualquier documento al que se haga referencia en A1-A10 puede ser un documento o procedimiento electrónico equivalente si así se acuerda entre las partes o si es habitual	El comprador debe pagar el precio de la mercancía según lo dispuesto en el contrato de compraventa. Cualquier documento al que se haga referencia en B1-B10 puede ser un documento o procedimiento electrónico equivalente si así se acuerda entre las partes o si es habitual.
A2 Licencias, autorizaciones, acreditaciones de seguridad y otras formalidades Cuando sea aplicable, el vendedor debe proporcionar al comprador, a petición, riesgo, y expensas del comprador, ayuda para obtener cualquier licencia de exportación u otra autorización oficial necesaria para la exportación de la mercancía. Cuando sea aplicable, el vendedor debe proporcionar, a petición, riesgo y expensas del comprador, cualquier información en poder del vendedor que se exija para la acreditación de seguridad de la mercancía.	**B2 Licencias, autorizaciones, acreditaciones de seguridad y otras formalidades** Cuando sea aplicable, compete al comprador obtener, a su propio riesgo y expensas, cualquier licencia de exportación e importación u otra autorización oficial y llevar a cabo todos los trámites aduaneros para la exportación de la mercancía.
A3 Contratos de transporte y seguro	**B3 Contratos de transporte y seguro**

[18] Ver detalles de las notas de orientación en https://www.caaarem.mx/DBCC.nsf/Mapa-Externos?OpenForm&Login

a) Contrato de transporte El vendedor no tiene ninguna obligación ante el comprador de formalizar un contrato de transporte. b) Contrato de seguro El vendedor no tiene ninguna obligación ante el comprador de formalizar un contrato de seguro. Sin embargo, el vendedor debe proporcionar al comprador, a petición, riesgo y expensas (si las hay) de este último, la información que el comprador necesite para obtener el seguro.	a) Contrato de transporte El comprador no tiene ninguna obligación ante el vendedor de formalizar un contrato de transporte. b) Contrato de seguro El comprador no tiene ninguna obligación ante el vendedor de formalizar un contrato de seguro.
A4 Entrega El vendedor debe entregar la mercancía poniéndola a disposición del comprador en el punto acordado, si lo hay, en el lugar de entrega designado, y no cargada en ningún vehículo de recogida. Si no se ha acordado un punto específico en el lugar de entrega designado, y si hay varios puntos disponibles, el vendedor puede elegir el punto que mejor le convenga. El vendedor debe entregar la mercancía en la fecha acordada o dentro del plazo acordado.	**B4 Recepción** El comprador debe proceder a la recepción de la mercancía cuando se haya cumplido con A4 y A7.
A5 Transmisión de riesgos El vendedor corre con todos los riesgos de pérdida o daño causados a la mercancía hasta que se haya entregado de acuerdo con A4, con la excepción de la pérdida o daño causados en las circunstancias descritas en B5.	**B5 Transmisión de riesgos** El comprador corre con todos los riesgos de pérdida o daño causados a la mercancía desde el momento en que se haya entregado como se prevé en A4. Si el comprador no da aviso de acuerdo con B7, corre con todos los riesgos de pérdida o daño causados a la mercancía desde la fecha acordada o la fecha de expiración del plazo acordado para la entrega, siempre que la mercancía se haya identificado claramente como la mercancía objeto del contrato.
A6 Reparto de costos El vendedor debe pagar todos los costos relativos a la mercancía hasta que se haya entregado de acuerdo con A4, diferentes de los pagaderos por el comprador como se prevé en B6.	**B6 Reparto de costos** El comprador debe: a) pagar todos los costos relativos a la mercancía desde el momento en que se haya entregado como se prevé en A4; b) pagar cualquier costo adicional contraído tanto por no proceder a la recepción de la mercancía cuando se ha puesto a su disposición como por no dar aviso

	apropiadamente de acuerdo con B7, siempre que la mercancía se haya identificado claramente como la mercancía objeto del contrato; c) pagar, cuando se aplicable, todos los derechos, impuestos y demás gastos, así como los costos de llevar a cabo los trámites aduaneros pagaderos en la exportación; y d) reembolsar todos los costos y gastos en que haya incurrido el vendedor al prestar su ayuda como se prevé en A2.
A7 Notificaciones al comprador El vendedor debe dar al comprador todo aviso necesario que permita al comprador proceder a la recepción de la mercancía.	**B7 Notificaciones al vendedor** El comprador debe, siempre que tenga derecho a determinar el momento dentro de un plazo acordado y/o el punto para proceder a la recepción de la mercancía en el lugar designado, dar aviso suficiente de ello al vendedor.
A8 Documento de entrega El vendedor no tiene ninguna obligación ante el comprador.	**B8 Prueba de la entrega** El comprador debe proporcionar al vendedor una prueba adecuada de haber procedido a la recepción de la mercancía.
A9 Comprobación - embalaje – marcado El vendedor debe pagar los costos de las operaciones de verificación (tales como la comprobación de la calidad, medidas, pesos o recuentos) necesarias al objeto de entregar la mercancía de acuerdo con A4. El vendedor debe, a sus propias expensas, embalar la mercancía, a menos que sea usual para ese comercio en particular el transportar sin embalar el tipo de mercancía vendida. El vendedor puede embalar la mercancía de la manera apropiada para su transporte, a menos que el comprador le haya notificado requisitos específicos de embalaje antes de que haya concluido el contrato de compraventa. El embalaje ha de marcarse adecuadamente.	**B9 Inspección de la mercancía** El comprador debe pagar los costos de cualquier inspección obligatoria previa al embarque, incluyendo la inspección ordenada por las autoridades del país de exportación.
A10 Ayuda con la información y costos relacionados El vendedor debe, cuando se aplicable, en el momento oportuno, proporcionar o prestar	**B10 Ayuda con la información y costos relacionados** El comprador debe avisar al vendedor, en el momento oportuno, de cualquier requisito

ayuda para obtener para el comprador, a petición, riesgo y expensas de este último, cualquier documento e información, incluyendo la información relacionada con la seguridad, que necesite el comprador para la exportación y/o importación de la mercancía y/o para su transporte hasta el destino final.

de información sobre seguridad de manera que el vendedor pueda cumplir con A10.
El comprador debe reembolsar al vendedor todos los costos y gastos en que este último haya incurrido al proporcionar o prestar ayuda para obtener documentos e información como se prevé en A10.

6.2. Incoterms: FCA *Free Carrier* / Libre Transportista
Grupo: 2 " F " Transporte principal no pagado

Lugar de entrega	Documentos comerciales y trámites a cargo del exportador	Lugar de transmisión de riesgo	Reparto de costos logísticos
Planta o Bodega del exportador Cargado o bien en la Aduana de salida, en terminal o bodega del transporte principal.	• Factura comercial • Lista de empaque • Pedimento de exportación • Pago de despacho aduanero (Impuestos, Agente de aduanas, maniobras de exportación)	En la planta o bodega del exportador. o bien En la bodega del transporte principal.	El exportador soporta todos los gastos hasta la aduana de salida de exportación. El importador soporta todos los gastos desde la bodega o planta del transporte principal.

Grafico no. 2
Cadena logística Internacional

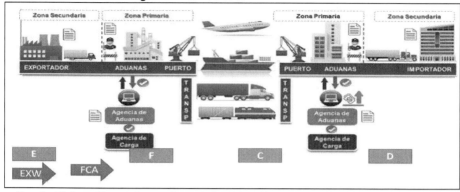

Fuente. Elaboración propia con datos de investigación. Imagen
tomada de http://www.casasauza.com/procesos-tequila-sauza/la-
logistical-negocio-tequila

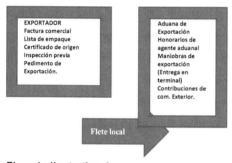

Ejemplo ilustrativo 4
Valor mercancía ExW. 100.00 Usd
Flete local: 10.00 Usd
Honorarios de Agente Aduanal de Exportación: 3.00 Usd
Maniobras de exportación: 2.00 Usd
Contribuciones de comercio exterior a la exportación: 1.50 Usd
Precio FCA = 116.50

Modo de transporte. Cualquier medio de transporte: Aéreo,
marítimo, terrestre y multimodal). FCA permite la entrega de la
mercancía en las instalaciones del vendedor, así como en distintos
puntos: puertos, aeropuertos, terminales de contenedores, etc.,
localizados en el país del vendedor. De esta manera, al utilizar FCA
es muy importante especificar con precisión el lugar de entrega.

Lugar de Entrega/Recepción de la mercancía. Aquí existen dos
momentos: El primero sucede cuando el comprador contrata el
transporte puerta-puerta, en este caso, el vendedor está obligado
solamente a cargar la mercancía en el medio de transporte. En ese
momento sucede la entrega y se transmite el riesgo al comprador. El
segundo: En FCA existe la posibilidad de que el exportador contrate y
pague el transporte local y las entregue en la aduana de salida al
transportista principal (internacional), en este momento la entrega y el
riesgo se transmite cuando han sido dispuestas para su descarga al
medio de transporte.

Carga en medio de transporte. El vendedor carga las mercancías en el medio de transporte.

Transmisión del riesgo. El riesgo lo transmite el vendedor al comprador al momento que la mercancía es cargada en el medio de transporte o si es el vendedor quien contrata el transporte local, éste sucede cuando son entregadas a la línea transportista que hará el viaje internacional.

Documentos de entrega. El vendedor debe proporcionar los documentos comerciales para que el comprador pueda realizar el despacho de importación: facturas comerciales, listas de empaque, certificados de origen, certificados de inspección y demás que el importador requiera para llevar a efectos la importación en el país de destino.

Despacho de exportación/Importación. El despacho de exportación y todos los gastos inherentes al mismo deberá efectuarlos el exportador. En cuanto al despacho de importación, éste le corresponde al comprador.

Contratación del seguro de transporte. Bajo este Incoterms no están obligados ni el comprador ni el vendedor a contratar un seguro del transporte principal, sin embargo, si el comprador así lo desea, el vendedor deberá proporcionarle todos los datos suficientes para que éste pueda realizar sin problemas la contratación del mismo.

Ventajas de utilizar FCA

Para el vendedor	Para el comprador
El vendedor tiene control sobre las mercancías hasta que son exportadas. Asegurando la salida del país de las mercancías para efectos fiscales	Es para el comprador de gran ayuda recibir las mercancías exportadas y en el medio de transporte; esto debido a que generalmente existe descornamiento de la mecánica logística y jurídica en el país de origen de las mercancías.
Poder presentar ofertas en FCA representa una ventaja competitiva frente a su competencia que no lo hace por desconocimiento de la gestión logística de exportaciones.	Si es un comerciante habitual le permite obtener mejores tarifas de transporte y gestión logística que su contraparte, lo que redunda en mejores beneficios monetarios.
FCA permite acordar diferentes puntos de entrega de la mercancía en función del tipo de transporte.	Cuando se trata de cargas en camión completo, el comprador no se preocupa por la contratación de dicha maniobra en origen.
Si el comprador dispone de transporte propio, FCA es apropiado para realizar entregas en el lugar acordado, permitiendo su utilización eficiente.	Puede existir un ahorro importante en costos de transporte local y despacho aduanal si quien contrata estos servicios es una empresa localizada en el mismo país.

Desventajas de utilizar FCA

Para el vendedor	Para el comprador
Existe siempre un riesgo llevar las mercancías de las	Corre el riesgo que la mercancía no se entregue en el

53

instalaciones del vendedor a la aduana de salida. Las mercancías están expuestas al daño, al deterioro, al hurto, etc. Que implica tener que contratar un seguro para ese tramo de la gestión logística.

tiempo estipulado una vez que ya se ha contratado el transporte principal y se retrase su salida.

Notas de orientación: Obligaciones generales del vendedor VS Comprador

A OBLIGACIONES DE LA EMPRESA VENDEDORA	B OBLIGACIONES DE LA EMPRESA COMPRADORA
A1 Obligaciones generales del vendedor El vendedor debe suministrar la mercancía y la factura comercial de conformidad con el contrato de compraventa y cualquier otra prueba de conformidad que pueda exigir el contrato. Cualquier documento al que se haga referencia en A1-A10 puede ser un documento o procedimiento electrónico equivalente si así se acuerda entre las partes o si es habitual.	**B1 Obligaciones general del comprador** El comprador debe pagar el precio de la mercancía según lo dispuesto en el contrato de compraventa. Cualquier documento al que se haga referencia en B1-B10 puede ser un documento o procedimiento electrónico equivalente si así se acuerda entre las partes o si es habitual.
A2 Licencias, autorizaciones, acreditaciones de seguridad y otras formalidades Cuando sea aplicable, el vendedor debe obtener, a su propio riesgo y expensas, cualquier licencia de exportación u otra autorización oficial y llevar a cabo todos los trámites aduaneros necesarios para la exportación de la mercancía.	**B2 Licencias, autorizaciones, acreditaciones de seguridad y otras formalidades** Cuando sea aplicable, compete al comprador obtener, a su propio riesgo y expensas, cualquier licencia de importación u otra autorización oficial y llevar a cabo todos los trámites aduaneros para la importación de la mercancía y para su transporte a través de cualquier país.
A3 Contratos de transporte y seguro a) Contrato de transporte El vendedor no tiene ninguna obligación ante el comprador de formalizar un contrato de transporte. Sin embargo, si lo solicita el comprador o si es práctica comercial y el comprador no da instrucciones en sentido contrario con la debida antelación, el vendedor puede contratar el transporte en las condiciones usuales a riesgo y expensas del comprador. En cualquiera de los dos casos, el vendedor puede rehusar la formalización del contrato de transporte y, en este caso, deberá	**B3 Contratos de transporte y seguro** a) Contrato de transporte El comprador debe contratar a sus propias expensas el transporte de la mercancía desde el lugar de entrega designado, excepto cuando el contrato de transporte lo formalice el vendedor tal como se dispone en A3 a). b) Contrato de seguro El comprador no tiene ninguna obligación ante el vendedor de formalizar un contrato de seguro.

comunicarlo rápidamente al comprador. b) Contrato de seguro El vendedor no tiene ninguna obligación ante el comprador de formalizar un contrato de seguro. Sin embargo, el vendedor debe proporcionar al comprador, a petición, riesgo y expensas (si las hay) de este último, la información que el comprador necesite para obtener el seguro.	
A4 Entrega El vendedor debe entregar la mercancía al porteador o a otra persona designada por el comprador en el punto acordado, si lo hay, en el lugar designado en a la fecha acordada o dentro del plazo acordado. La entrega completa: a) Si el lugar designado son las instalaciones del vendedor, cuando la mercancía se ha cargado en los medios de transporte proporcionados por el comprador. b) En cualquier otro caso, cuando la mercancía se pone a disposición de porteador o de otra persona designada por el comprador en los medios de transporte del vendedor preparada para la descarga. Si el comprador no ha notificado un punto específico según lo especificado en B7 d) en el lugar de entrega designado, y si hay varios puntos disponibles, el vendedor puede elegir el punto que mejor le convenga. A menos que el comprador lo notifique al vendedor de otro modo, el vendedor puede entregar la mercancía para el transporte en la forma que lo requiera la cantidad y/o la naturaleza de la mercancía.	**B4 Recepción** El comprador debe proceder a la recepción de la mercancía cuando se haya entregado como se prevé en A4.
A5 Transmisión de riesgos El vendedor corre con todos los riesgos de pérdida o daño causados a la mercancía hasta que se haya entregado de acuerdo con A4, con la excepción de la pérdida o daño causados en las circunstancias descritas en B5.	**B5 Transmisión de riesgos** El comprador corre con todos los riesgos de pérdida o daño causados a la mercancía desde el momento en que se haya entregado como se prevé en A4. Si a) el comprador no notifica de acuerdo con B7 la designación del porteador u otra persona

	como se prevé en A4 no se hace cargo de la mercancía; b) el porteador o la persona designada por el comprador como se prevé en A4 no se hace cargo de la mercancía; entonces el comprador corre con todos los riesgos de pérdida o daño causados a la mercancía: (i) desde la fecha acordada o, en ausencia de una fecha acordada, (ii) desde la fecha notificada por el vendedor según A7 dentro del plazo acordado; o, si no se ha notificado tal fecha, (iii) desde la fecha de expiración de cualquier plazo acordado para la entrega, siempre que la mercancía se haya identificado claramente como la mercancía objeto del contrato.
A6 Reparto de costos El vendedor debe pagar a) todos los costos relativos a la mercancía hasta que se haya entregado de acuerdo con A4, diferentes de los pagaderos por el comprador como se prevé en B6; y b) cuando sea aplicable, los costos de los trámites aduaneros necesarios para la exportación, así como todos los derechos, impuestos y demás gastos pagaderos en la exportación.	**B6 Reparto de costos** El comprador debe pagar a) todos los costos relativos a la mercancía desde el momento en que se haya entregado como se prevé en A4, excepto, cuando sea aplicable, los costos de los trámites aduaneros necesarios para la exportación, así como todos los derechos, impuestos y demás gastos pagaderos en la exportación como se refieren en A6 b); b) cualquier costo adicional contraído, bien porque: (i) el comprador no designa al porteador o a otra persona como se prevé en A4, o (ii) el porteador o la persona designada por el comprador como se prevé en A4 no se hace cargo de la mercancía, o (iii) el comprador no ha dado aviso apropiadamente de acuerdo con B7, siempre que la mercancía se haya identificado claramente como la mercancía del contrato; y c) cuando sea aplicable, todos los derechos, impuestos y demás gastos, así como los costos de llevar a cabo los trámites aduaneros pagaderos en la importación de la mercancía y los costos de su transporte a través de cualquier país.
A7 Notificaciones al comprador	**B7 Notificaciones al vendedor**

El vendedor debe, a riesgo y expensas del comprador, dar al comprador aviso suficiente o de que la mercancía se ha entregado de acuerdo con A4 o bien de que el porteador u otra persona designada por el comprador no se ha hecho cargo de la mercancía dentro del plazo acordado.	El comprador debe notificar al vendedor a) el nombre del porteador u otra persona designada como se prevé en A4 con el tiempo suficiente para permitir al vendedor entregar la mercancía de acuerdo con dicho artículo; b) cuando sea necesario, el momento escogido dentro del plazo de entrega acordado cuando el porteador o la persona designada se hará cargo de la mercancía; c) el modo de transporte a utilizar por la persona designada; y d) el punto para proceder a la recepción de la mercancía en el lugar designado.
A8 Documento de entrega El vendedor debe proporcionar al comprador, a expensas del vendedor, la prueba usual de que la mercancía se ha entregado de acuerdo con A4. El vendedor debe prestar ayuda al comprador, a petición, riesgo y expensas de este último, para conseguir un documento de transporte.	**B8 Prueba de entrega** El comprador debe aceptar la prueba de la entrega proporcionada como se prevé en A8.
A9 Comprobación - embalaje – marcado El vendedor debe pagar los costos de las operaciones de verificación (tales como la comprobación de la calidad, medidas, pesos o recuentos) necesarias al objeto de entregar la mercancía de acuerdo con A4, así como los costos de cualquier inspección previa al embarque ordenada por las autoridades del país de exportación. El vendedor debe, a sus propias expensas, embalar la mercancía, a menos que sea usual para ese comercio en particular el transportar sin embalar el tipo de mercancía vendida. El vendedor puede embalar la mercancía de la manera apropiada para su transporte, a menos que el comprador le haya notificado requisitos específicos de embalaje antes de que haya concluido el contrato de compraventa. El embalaje ha de marcarse adecuadamente.	**B9 Inspección de la mercancía** El comprador debe pagar los costos de cualquier inspección obligatoria previa al embarque, excepto cuando dicha inspección sea ordenada por las autoridades del país de exportación.

A10 Ayuda con la información y costos relacionados	B10 Ayuda con la información y costos relacionados
El vendedor debe, cuando sea aplicable, en el momento oportuno, proporcionar o prestar ayuda para obtener para el comprador, a petición, riesgo y expensas de este último, cualquier documento e información, incluyendo la información relacionada con la seguridad, que necesite el comprador para la importación de la mercancía y/o para su transporte hasta el destino final. El vendedor debe reembolsar al comprador todos los costos y gastos en que este último haya incurrido al proporcionar o prestar ayuda para obtener documentos e información como se prevé en B10.	El comprador debe avisar al vendedor, en el momento oportuno, de cualquier requisito de información sobre seguridad de manera que el vendedor pueda cumplir con A10. El comprador debe reembolsar al vendedor todos los costos y gastos en que este último haya incurrido al proporcionar o prestar ayuda para obtener documentos e información como se prevé en A10. EL comprador debe, cuando sea aplicable, en el momento oportuno, proporcionar o prestar ayuda para obtener para el vendedor, a petición, riesgo y expensas de este último, cualquier documento e información, incluyendo la información relacionada con la seguridad, que el vendedor necesite para su transporte y exportación de la mercancía y para su transporte a través de cualquier país.

6.3. **FAS** *Free Alongside Ship* / **Franco al Costado del Buque**
Grupo: 2 " F " Transporte principal no pagado

Lugar de entrega	Documentos comerciales y trámites a cargo del exportador	Lugar de transmisión de riesgo	Reparto de costos logísticos
Entregado en Aduana de salida, en muelle al costado del barco, dispuesta para su carga.	• Factura comercial • Lista de empaque • Pedimento de exportación • Pago de despacho aduanero (Impuestos, Agente de aduanas, maniobras de exportación)	En la bodega/terminal del transporte principal.	El exportador soporta todos los gastos hasta el muelle de carga en la aduana de salida de exportación. El importador soporta todos los gastos desde el muelle de carga en la aduana de salida de exportación

Grafico no. 3
Cadena logística Internacional

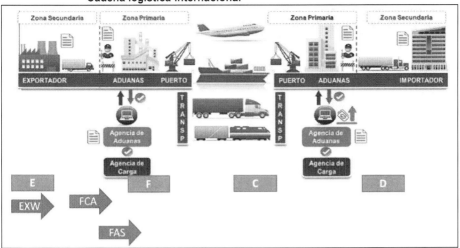

Fuente. Elaboración propia con datos de investigación. Imagen tomada de http://www.casasauza.com/procesos-tequila-sauza/la-logistical-negocio-tequila

Ejemplo ilustrativo 5:
Valor mercancía ExW. 100.00 Usd
Flete local: 10.00 Usd
Honorarios de Agente Aduanal de Exportación: 3.00 Usd
Maniobras de exportación: 2.00 Usd
Contribuciones de comercio exterior a la exportación: 1.50 Usd
Precio FAS = 116.50

Modo de transporte. Esta regla sólo ha de utilizarse para el transporte por mar o por vías navegables interiores.

Lugar de Entrega/Recepción de la mercancía. Franco al Costado del Buque significa que la empresa vendedora realiza la entrega cuando la mercancía se coloca al costado del buque designado por la empresa compradora (por ejemplo, en el muelle o en una barcaza) en el puerto de embarque designado. El riesgo de pérdida o daño a la mercancía se transmite cuando la mercancía está al costado del buque, y la empresa compradora corre con todos los costos desde ese momento en adelante.

Carga en medio de transporte. Es muy recomendable que las partes especifique, tan claramente como sea posible, el punto de carga en el puerto de embarque designado, ya que los costos y riesgos hasta dicho punto son por cuenta del vendedor y estos costos y los gastos de manipulación asociados pueden variar según los usos del puerto.

Transmisión del riesgo. El riesgo se transmite cuando la mercancía es puesta al costado del barco, o que la mercancía se proporcione así ya entregada para el embarque. Generalmente FCA sirve para las compraventas múltiples de una cadena de ventas, especialmente habituales en el comercio de productos básicos. Cuando la mercancía es contenerizada, la Cámara de Comercio recomienda la utilización de FCA que significa que el contenedor es entregado a una terminal para que ésta realice la maniobra de carga.

Documentos de entrega. El vendedor debe proporcionar los documentos comerciales para que el comprador pueda realizar el despacho de importación: facturas comerciales, listas de empaque, certificados de origen, certificados de inspección y demás que el importador requiera para llevar a efectos la importación en el país de destino.

Despacho de exportación/Importación. El despacho de exportación y todos los gastos inherentes al mismo deberá efectuarlos el exportador. En cuanto al despacho de importación, éste le corresponde al comprador.

Contratación del seguro de transporte. Bajo este Incoterms no están obligados ni el comprador ni el vendedor a contratar un seguro del transporte principal, sin embargo, si el comprador así lo desea, el vendedor deberá proporcionarle todos los datos suficientes para que éste pueda realizar sin problemas la contratación del mismo.

Ventajas de utilizar FAS

Para el vendedor

El exportador tiene control sobre las mercancías hasta que son exportadas. Asegurando la salida del país de las mercancías para efectos aduanales y fiscales.

Poder dar ofertas en FAS representa una ventaja competitiva frente a la competencia que no lo hace por desconocimiento de la gestión logística de exportaciones.

Si el comprador dispone de transporte propio, FAS es apropiado para realizar entregas en el muelle de salida, si el puerto lo permite.

Para el comprador

Es para el comprador de gran ayuda recibir las mercancías exportadas y dispuestas a ser cargadas en el medio de transporte por el designado.

Si es un comerciante habitual le permite obtener mejores tarifas de transporte y gestión logística que su contraparte, lo que redunda en mejores beneficios monetarios.

Puede existir un ahorro importante en costos de transporte local y despacho aduanal si quien contrata estos servicios es una empresa localizada en el mismo país.

Desventajas de utilizar FCA

Para el vendedor

Existe siempre un riesgo llevar las mercancías de las instalaciones del vendedor a la aduana de salida. Las mercancías están expuestas al daño, al deterioro, al hurto, etc. Que implica tener que contratar un seguro para ese tramo de la gestión logística.

Para el comprador

Corre el riesgo que la mercancía no se entregue en el tiempo estipulado una vez que ya se ha contratado el transporte principal y se retrase su salida.

Si existe desconocimiento del manejo de la carga de las mercancías en puerto de origen, se corre el riesgo de que se incurra en demoras en el proceso y esto retrase, dañe o extravíe la carga.

El comprador, es el responsable de la carga de la mercancía en el buque por lo que debe conocer muy bien cómo funciona el puerto de embarque para evitar problemas que pudieran suscitarse.

Notas de orientación: Obligaciones generales del vendedor VS Comprador

A OBLIGACIONES DE LA EMPRESA VENDEDORA	B OBLIGACIONES DE LA EMPRESA COMPRADORA
A1 Obligaciones generales del vendedor El vendedor debe suministrar la mercancía y la factura comercial de conformidad con el contrato de compraventa y cualquier otra prueba de conformidad que pueda exigir el contrato. Cualquier documento al que se haga referencia en A1-A10 puede ser un documento o procedimiento electrónico equivalente si así se acuerda entre las partes o si es habitual.	**B1 Obligaciones general del comprador** El comprador debe pagar el precio de la mercancía según lo dispuesto en el contrato de compraventa. Cualquier documento al que se haga referencia en B1-B10 puede ser un documento o procedimiento electrónico equivalente si así se acuerda entre las partes o si es habitual.
A2 Licencias, autorizaciones, acreditaciones de seguridad y otras formalidades Cuando sea aplicable, el vendedor debe obtener, a su propio riesgo y expensas, cualquier licencia de exportación u otra autorización oficial y llevar a cabo todos los trámites aduaneros necesarios para la exportación de la mercancía.	**B2 Licencias, autorizaciones, acreditaciones de seguridad y otras formalidades** Cuando sea aplicable, compete al comprador obtener, a su propio riesgo y expensas, cualquier licencia de importación u otra autorización oficial y llevar a cabo todos los trámites aduaneros para la importación de la mercancía y para su transporte a través de cualquier país.
A3 Contratos de transporte y seguro a) Contrato de transporte El vendedor no tiene ninguna obligación ante el comprador de formalizar un contrato de transporte. Sin embargo, si lo solicita el comprador o si es práctica comercial y el comprador no da instrucciones en sentido contrario con la debida antelación, el vendedor puede contratar el transporte en las condiciones usuales a riesgo y expensas del comprador. En cualquiera de los dos casos, el vendedor puede rehusar la formalización del contrato de transporte y, en este caso, deberá	**B3 Contratos de transporte y seguro** a) Contrato de transporte EL comprador debe contratar, a sus propias expensas, el transporte de la mercancía desde el puerto de embarque designado, excepto cuando el contrato de transporte lo formalice el vendedor como se dispone en A3 a). b) Contrato de seguro El comprador no tiene ninguna obligación ante el vendedor de formalizar un contrato de seguro.

comunicarlo rápidamente al comprador.

b) Contrato de seguro

El vendedor no tiene ninguna obligación ante el comprador de formalizar un contrato de seguro. Sin embargo, el vendedor debe proporcionar al comprador, a petición, riesgo y expensas (si las hay) de este último, la información que el comprador necesite para obtener el seguro.

A4 Entrega	B4 Recepción
El vendedor debe entregar la mercancía o poniéndola al costado del buque designado por el comprador en el punto de carga, si lo hay, indicado por el comprador en el puerto de embarque designado, o proporcionando la mercancía así entregada. En cualquiera de los dos casos, el vendedor debe entregar la mercancía en la fecha acordada o dentro del plazo acordado y en la forma acostumbrada en el puerto. Si el comprador no ha indicado un punto de carga específico, el vendedor puede elegir el punto en el puerto de embarque designado que mejor le convenga. Si las partes han acordado que la entrega ha de tener lugar dentro de un plazo, el comprador tiene la opción de escoger la fecha dentro de dicho plazo.	El comprador debe proceder a la recepción de la mercancía cuando se haya entregado como se prevé en A4.
A5 Transmisión de riesgos	B5 Transmisión de riesgos
EL vendedor corre con todos los riesgos de pérdida o daño causados a la mercancía hasta que se haya entregado de acuerdo con A4 con la excepción de la pérdida o daño causados en las circunstancias descritas en B5.	El comprador corre con todos los riesgos de pérdida o daño causados a la mercancía desde el momento en que se haya entregado como se prevé en A4. Si a) el comprador no da aviso de acuerdo con B7; o b) el buque designado por el comprador no llega a tiempo, o no se hace cargo de la mercancía o deja de admitir carga antes del momento notificado de acuerdo con B7; entonces el comprador corre con todos los riesgos de pérdida o daño causados a la mercancía desde la fecha acordada o la fecha de expiración del plazo acordado para la entrega, siempre que la

	mercancía se haya identificado claramente como la mercancía objeto del contrato.
A6 Reparto de costos El vendedor debe pagar a) todos los costos relativos a la mercancía hasta que se haya entregado de acuerdo con A4, diferentes de los pagaderos por el comprador como se prevé en B6; y b) cuando sea aplicable, los costos de los trámites aduaneros necesarios para la exportación, así como todos los derechos, impuestos y demás gastos pagaderos en la exportación.	**B6 Reparto de costos** El comprador debe pagar a) todos los costos relativos a la mercancía desde el momento en que se haya entregado como se prevé en A4, excepto, cuando sea aplicable, los costos de los trámites aduaneros necesarios para la exportación, así como todos los derechos, impuestos y demás gastos pagaderos en la exportación como se refieren en A6 b); b) cualquier costo adicional contraído, bien porque: (i) el comprador no da aviso apropiado de acuerdo con B7, o (ii) el buque designado por el comprador no llega a tiempo, no puede hacerse cargo de la mercancía o deja de admitir carga antes del momento notificado de acuerdo con B7, siempre que la mercancía se haya identificado claramente como la mercancía del contrato; y c) cuando sea aplicable, todos los derechos, impuestos y demás gastos, así como los costos de llevar a cabo los trámites aduaneros pagaderos en la importación de la mercancía y los costos de su transporte a través de cualquier país.
A7 Notificaciones al comprador El vendedor debe, a riesgo y expensas del comprador, dar aviso suficiente al comprador o de que la mercancía se ha entregado de acuerdo con A4 o bien de que el buque no se ha hecho cargo de la mercancía dentro del plazo acordado.	**B7 Notificaciones al vendedor** El comprador debe dar aviso suficiente al vendedor sobre el nombre del buque, el punto de carga, y, cuando sea necesario, el momento de entrega escogido dentro del plazo acordado.
A8 Documento de entrega El vendedor debe proporcionar al comprador, a expensas del vendedor, la prueba usual de que la mercancía se ha entregado de acuerdo con A4. Salvo que tal prueba sea un documento de transporte, el vendedor debe prestar ayuda al comprador, a petición, riesgo y expensas de este último, para conseguir un documento de transporte.	**B8 Prueba de entrega** El comprador debe aceptar la prueba de la entrega proporcionada como se prevé en A8.

A9 Comprobación - embalaje – marcado	B9 Inspección de la mercancía
El vendedor debe pagar los costos de las operaciones de verificación (tales como la comprobación de la calidad, medidas, pesos o recuentos) necesarias al objeto de entregar la mercancía de acuerdo con A4, así como los costos de cualquier inspección previa al embarque ordenada por las autoridades del país de exportación. El vendedor debe, a sus propias expensas, embalar la mercancía, a menos que sea usual para ese comercio en particular el transportar sin embalar el tipo de mercancía vendida. El vendedor puede embalar la mercancía de la manera apropiada para su transporte, a menos que el comprador le haya notificado requisitos específicos de embalaje antes de que haya concluido el contrato de compraventa. El embalaje ha de marcarse adecuadamente.	El comprador debe pagar los costos de cualquier inspección obligatoria previa al embarque, excepto cuando dicha inspección sea ordenada por las autoridades del país de exportación.
A10 Ayuda con la información y costos relacionados	**B10 Ayuda con la información y costos relacionados**
El vendedor debe, cuando sea aplicable, en el momento oportuno, proporcionar o prestar ayuda para obtener para el comprador, a petición, riesgo y expensas de este último, cualquier documento e información, incluyendo la información relacionada con la seguridad, que necesite el comprador para la importación de la mercancía y/o para su transporte hasta el destino final. El vendedor debe reembolsar al comprador todos los costos y gastos en que este último haya incurrido al proporcionar o prestar ayuda para obtener documentos e información como se prevé en B10.	El comprador debe avisar al vendedor, en el momento oportuno, de cualquier requisito de información sobre seguridad de manera que el vendedor pueda cumplir con A10. El comprador debe reembolsar al vendedor todos los costos y gastos en que este último haya incurrido al proporcionar o prestar ayuda para obtener documentos e información como se prevé en A10. EL comprador debe, cuando sea aplicable, en el momento oportuno, proporcionar o prestar ayuda para obtener para el vendedor, a petición, riesgo y expensas de este último, cualquier documento e información, incluyendo la información relacionada con la seguridad, que el vendedor necesite para el transporte y exportación de la mercancía y para su transporte a través de cualquier país.

6.4. Incoterms: FOB *Free On Board* / Libre a Bordo
Grupo: 2 " F " Transporte principal no pagado

Lugar de entrega	Documentos comerciales y trámites a cargo del exportador	Lugar de transmisión de riesgo	Reparto de costos logísticos
Entregado en Aduana de salida, a bordo del barco.	• Factura comercial • Lista de empaque • Pedimento de exportación • Pago de despacho aduanero (Impuestos, Agente de aduanas, maniobras de exportación). • Maniobras de carga el barco.	Cargado, estibado y trincado en el barco para iniciar el trayecto de traslado al país de destino.	El exportador soporta todos los gastos hasta el muelle de carga en la aduana de salida de exportación. El importador soporta todos los gastos desde el muelle de carga en la aduana de salida de exportación

Grafico no. 4
Cadena logística Internacional

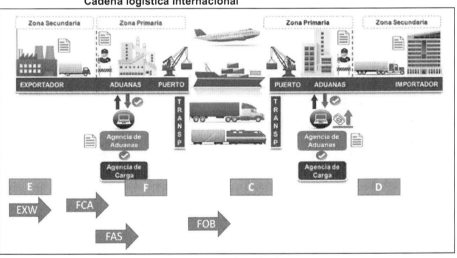

Fuente. Elaboración propia con datos de investigación. Imagen tomada de http://www.casasauza.com/procesos-tequila-sauza/la-logistical-negocio-tequila

65

Ejemplo ilustrativo 6:
Valor mercancía ExW. 100.00 Usd
Flete local: 10.00 Usd
Honorarios de Agente Aduanal de Exportación: 3.00 Usd
Maniobras de exportación: 4.00 Usd
Contribuciones de comercio exterior a la exportación: 1.50 Usd
Precio FOB = 118.50

Modo de transporte. Esta regla sólo ha de utilizarse para el transporte por mar o por vías navegables interiores.

Lugar de Entrega/Recepción de la mercancía. "Franco a Bordo" significa que la empresa vendedora entrega la mercancía a bordo del buque designado por la compradora en el puerto de embarque designado o proporciona la mercancía así ya entregada.

Carga en medio de transporte. Se exige al vendedor o que entregue la mercancía a bordo del buque o que proporcione la mercancía así ya entregada para el embarque. La referencia a "proporcionar" sirve para las compraventas múltiples de una cadena de ventas, especialmente habituales en el comercio de productos básicos.

Transmisión del riesgo. El riesgo de pérdida o daño a la mercancía se transmite cuando la mercancía está a bordo del buque, y la empresa compradora corre con todos los costos desde ese momento en adelante. Puede que FOB no sea apropiado cuando la mercancía se pone en poder del porteador antes de que esté a bordo del buque, como ocurre, por ejemplo, con la mercancía en contenedores, que se entrega habitualmente en una terminal. En tales situaciones, debería utilizarse la regla FCA.

Documentos de entrega. El vendedor debe proporcionar los documentos comerciales para que el comprador pueda realizar el despacho de importación: facturas comerciales, listas de empaque, certificados de origen, certificados de inspección y demás que el importador requiera para llevar a efectos la importación en el país de destino.

Despacho de exportación/Importación. FOB exige que el vendedor despache la mercancía para la exportación, cuando sea aplicable. Sin embargo, el vendedor no tiene ninguna obligación de despacharla para la importación, pagar ningún derecho de importación o llevar a cabo ningún trámite aduanero de importación.

Contratación del seguro de transporte. Bajo este Incoterms no están obligados ni el comprador ni el vendedor a contratar un seguro del transporte principal, sin embargo, si el comprador así lo desea, el vendedor deberá proporcionarle todos los datos suficientes para que éste pueda realizar sin problemas la contratación del mismo.

Ventajas de utilizar FOB

Para el vendedor	Para el comprador
El exportador tiene control sobre las mercancías hasta que son exportadas. Asegurando la salida del país de las mercancías para efectos fiscales.	Es para el comprador de gran ayuda recibir las mercancías exportadas y cargadas en el medio de transporte por el designado.
Poder dar ofertas en FOB representa una ventaja competitiva frente a su competencia que no lo hace por desconocimiento de la gestión logística de exportaciones.	Si es un comerciante habitual le permite obtener mejores tarifas de transporte y gestión logística que su contraparte, lo que redunda en mejores beneficios monetarios.
Poder negociar transporte local y las formalidades aduaneras de exportación a precios más competitivos que los que se ofrecen a las empresas extranjeras.	Puede existir un ahorro importante en costos de transporte local y despacho aduanal si quien contrata estos servicios es una empresa localizada en el mismo país.

Desventajas de utilizar FOB

Para el vendedor	Para el comprador
Existe siempre un riesgo llevar las mercancías de las instalaciones del vendedor a la aduana de salida. Las mercancías están expuestas al daño, al deterioro, al hurto, etc. Que implica tener que contratar un seguro para ese tramo de la gestión logística.	Corre el riesgo que la mercancía no se entregue en el tiempo estipulado una vez que ya se ha contratado el transporte principal y se retrase su salida.
Si existe desconocimiento del manejo de la carga de las mercancías en puerto de origen, se corre el riesgo de que se den demoras en el proceso y esto retrase su salida.	

Notas de orientación: Obligaciones generales del vendedor VS Comprador

A OBLIGACIONES DE LA EMPRESA VENDEDORA	B OBLIGACIONES DE LA EMPRESA COMPRADORA
A1 Obligaciones generales del vendedor	B1 Obligaciones generales del comprador
El vendedor debe suministrar la mercancía y la factura comercial de conformidad con el contrato de compraventa y cualquier otra prueba de conformidad que pueda exigir el contrato.	El comprador debe pagar el precio de la mercancía según lo dispuesto en el contrato de compraventa.
Cualquier documento al que se haga referencia en A1-A10 puede ser un documento o procedimiento electrónico equivalente si así se acuerda entre las partes o si es habitual.	Cualquier documento al que se haga referencia en B1-B10 puede ser un documento o procedimiento electrónico equivalente si así se acuerda entre las partes o si es habitual.

A2 Licencias, autorizaciones, acreditaciones de seguridad y otras formalidades	B2 Licencias, autorizaciones, acreditaciones de seguridad y otras formalidades
Cuando sea aplicable, el vendedor debe obtener, a su propio riesgo y expensas, cualquier licencia de exportación u otra autorización oficial y llevar a cabo todos los trámites aduaneros necesarios para la exportación de la mercancía.	Cuando sea aplicable, compete al comprador obtener, a su propio riesgo y expensas, cualquier licencia de importación u otra autorización oficial y llevar a cabo todos los trámites aduaneros para la importación de la mercancía y para su transporte a través de cualquier país.
A3 Contratos de transporte y seguro	**B3 Contratos de transporte y seguro**
a) Contrato de transporte El vendedor no tiene ninguna obligación ante el comprador de formalizar un contrato de transporte. Sin embargo, si lo solicita el comprador o si es práctica comercial y el comprador no da instrucciones en sentido contrario con la debida antelación, el vendedor puede contratar el transporte en las condiciones usuales a riesgo y expensas del comprador. En cualquiera de los dos casos, el vendedor puede rehusar la formalización del contrato de transporte y, en este caso, deberá comunicarlo rápidamente al comprador. b) Contrato de seguro El vendedor no tiene ninguna obligación ante el comprador de formalizar un contrato de seguro. Sin embargo, el vendedor debe proporcionar al comprador, a petición, riesgo y expensas (si las hay) de este último, la información que el comprador necesite para obtener el seguro.	a) Contrato de transporte El comprador debe contratar, a sus propias expensas, el transporte de la mercancía desde el puerto de embarque designado, excepto cuando el contrato de transporte lo formalice el vendedor como se dispone en A3 a). b) Contrato de seguro El comprador no tiene ninguna obligación ante el vendedor de formalizar un contrato de seguro.
A4 Entrega	**B4 Recepción**
El vendedor debe entregar la mercancía o poniéndola a bordo del buque designado por el comprador en el punto de carga, si lo hay, indicado por el comprador en el puerto de embarque designado, o proporcionando la mercancía así entregada. En cualquiera de los dos casos, el vendedor debe entregar la mercancía en la fecha acordada o dentro del plazo acordado y en la forma acostumbrada en el puerto.	El comprador debe proceder a la recepción de la mercancía cuando se haya entregado como se prevé en A4.

Si el comprador no ha indicado un punto de carga específico, el vendedor puede elegir el punto en el puerto de embarque designado que mejor le convenga.	
A5 Transmisión de riesgos El vendedor corre con todos los riesgos de pérdida o daño causados a la mercancía hasta que se haya entregado de acuerdo con A4 con la excepción de la pérdida o daño causados en las circunstancias descritas en B5.	**B5 Transmisión de riesgos** El comprador corre con todos los riesgos de pérdida o daño causados a la mercancía desde el momento en que se haya entregado como se prevé en A4. Si a) el comprador no notifica la designación del buque de acuerdo con B7; o b) el buque designado por el comprador no llega a tiempo para permitir que el vendedor cumpla con A4, no puede hacerse cargo de la mercancía o deja de admitir carga antes del momento notificado de acuerdo con B7; entonces, el comprador corre con todos los riesgos de pérdida o daño causados a la mercancía: (i) desde la fecha acordada o, en ausencia de una fecha acordada, (ii) desde la fecha notificada por el vendedor según A7 dentro del plazo acordado o, si no se ha notificado tal fecha, (iii) desde la fecha de expiración de cualquier plazo acordado para la entrega. siempre que la mercancía se haya identificado claramente como la mercancía objeto del contrato.
A6 Reparto de costos El vendedor debe pagar a) todos los costos relativos a la mercancía hasta que se haya entregado de acuerdo con A4, diferentes de los pagaderos por el comprador como se prevé en B6; y b) cuando sea aplicable, los costos de los trámites aduaneros necesarios para la exportación, así como todos los derechos, impuestos y demás gastos pagaderos en la exportación.	**B6 Reparto de costos** El comprador debe pagar a) todos los costos relativos a la mercancía desde el momento en que se haya entregado como se prevé en A4, excepto, cuando sea aplicable, los costos de los trámites aduaneros necesarios para la exportación, así como todos los derechos, impuestos y demás gastos pagaderos en la exportación como se refieren en A6 b); b) cualquier costo adicional contraído, bien porque: (i) el comprador no ha dado aviso apropiado de acuerdo con B7, o (ii) el buque designado por el comprador no llega a tiempo, no puede hacerse cargo de la mercancía o deja de admitir carga antes del momento

	notificado de acuerdo con B7, siempre que la mercancía se haya identificado claramente como la mercancía del contrato; y
	c) cuando sea aplicable, todos los derechos, impuestos y demás gastos, así como los costos de llevar a cabo los trámites aduaneros pagaderos en la importación de la mercancía y los costos de su transporte a través de cualquier país.
A7 Notificaciones al comprador El vendedor debe, a riesgo y expensas del comprador, dar aviso suficiente al comprador o de que la mercancía se ha entregado de acuerdo con A4 o bien de que el buque no se ha hecho cargo de la mercancía dentro del plazo acordado.	**B7 Notificaciones al vendedor** El comprador debe dar aviso suficiente al vendedor sobre el nombre del buque, el punto de carga y, cuando sea necesario, el momento de entrega escogido dentro del plazo acordado.
A8 Documento de entrega El vendedor debe proporcionar al comprador, a expensas del vendedor, la prueba usual de que la mercancía se ha entregado de acuerdo con A4. Salvo que tal prueba sea un documento de transporte, el vendedor debe prestar ayuda al comprador, a petición, riesgo y expensas de este último, para conseguir un documento de transporte.	**B8 Prueba de la entrega** El comprador debe aceptar la prueba de la entrega proporcionada como se prevé en A8.
A9 Comprobación - embalaje – marcado El vendedor debe pagar los costos de las operaciones de verificación (tales como la comprobación de la calidad, medidas, pesos o recuentos) necesarias al objeto de entregar la mercancía de acuerdo con A4, así como los costos de cualquier inspección previa al embarque ordenada por las autoridades del país de exportación. El vendedor debe, a sus propias expensas, embalar la mercancía, a menos que sea usual para ese comercio en particular el transportar sin embalar el tipo de mercancía vendida. El vendedor puede embalar la mercancía de la manera apropiada para su transporte, a menos que el comprador le haya notificado requisitos específicos de	**B9 Inspección de la mercancía** El comprador debe pagar los costos de cualquier inspección obligatoria previa al embarque, excepto cuando dicha inspección sea ordenada por las autoridades del país de exportación.

embalaje antes de que haya concluido el contrato de compraventa. El embalaje ha de marcarse adecuadamente.	
A10 Ayuda con la información y costos relacionados	**B10 Ayuda con la información y costos relacionados**
El vendedor debe, cuando sea aplicable, en el momento oportuno, proporcionar o prestar ayuda para obtener para el comprador, a petición, riesgo y expensas de este último, cualquier documento e información, incluyendo la información relacionada con la seguridad, que necesite el comprador para la importación de la mercancía y/o para su transporte hasta el destino final.	El comprador debe avisar al vendedor, en el momento oportuno, de cualquier requisito de información sobre seguridad de manera que el vendedor pueda cumplir con A10.
El vendedor debe reembolsar al comprador todos los costos y gastos en que este último haya incurrido al proporcionar o prestar ayuda para obtener documentos e información como se prevé en B10.	El comprador debe reembolsar al vendedor todos los costos y gastos en que este último haya incurrido al proporcionar o prestar ayuda para obtener documentos e información como se prevé en A10.
	El comprador debe, cuando sea aplicable, en el momento oportuno, proporcionar o prestar ayuda para obtener para el vendedor, a petición, riesgo y expensas de este último, cualquier documento e información, incluyendo la información relacionada con la seguridad, que el vendedor necesite para el transporte y exportación de la mercancía y para su transporte a través de cualquier país.

6.5. Incoterms: CFR *Cost and Freight* / Costo y Flete
Grupo: 3 " C " Transporte principal pagado

Lugar de entrega	Documentos comerciales y trámites a cargo del exportador	Lugar de transmisión de riesgo	Reparto de costos logísticos
Entregado en Aduana de llegada, a bordo del barco.	• Factura comercial • Lista de empaque • Pedimento de exportación • Pago de despacho aduanero (Impuestos, Agente de aduanas, maniobras de exportación). • Maniobras de carga al transporte principal.	Al momento de la carga a bordo del barco en FOB.	El exportador soporta todos los gastos hasta la aduana de llegada del país de importación. El importador soporta todos los gastos desde que la mercancía arriba a la aduana de importación.

71

	• Contratar y pagar el transporte principal marítimo.		

Grafico no. 7
Cadena logística Internacional

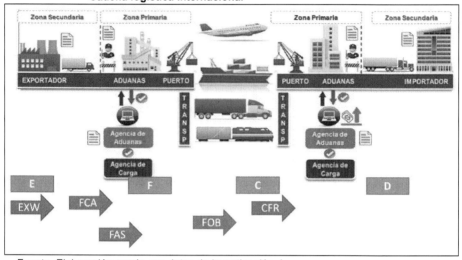

Fuente. Elaboración propia con datos de investigación. Imagen tomada de http://www.casasauza.com/procesos-tequila-sauza/la-logistical-negocio-tequila

Ejemplo ilustrativo 7:
Valor mercancía ExW. 100.00 Usd
Flete local: 10.00 Usd
Honorarios de Agente Aduanal de Exportación: 3.00 Usd
Maniobras de exportación: 4.00 Usd
Contribuciones de comercio exterior a la exportación: 1.50 Usd
Transporte principal: 15.00 Usd
Precio CFR = 133.50 Usd

Modo de transporte. Esta regla sólo ha de utilizarse para el transporte por mar o por vías navegables interiores.

Lugar de Entrega/Recepción de la mercancía. "Costo y Flete" significa que la empresa vendedora entrega la mercancía a bordo del buque o proporciona la mercancía así ya entregada. Se recomienda a las partes que identifiquen tan precisamente como sea posible el lugar en el puerto de destino acordado, puesto que los costos hasta dicho lugar son por cuenta del vendedor. Se recomienda al vendedor que proporcione contratos de transporte que se ajusten con precisión a esta elección. Si el vendedor incurre en costos según el contrato de transporte que estén relacionados con la descarga en el punto especificado en el puerto de destino, no tiene derecho a recuperarlos del comprador a menos que las partes lo acuerden de otro modo.

Se exige al vendedor que entregue la mercancía a bordo del buque o que proporcione la mercancía así ya entregada para el embarque hasta el destino. Además, se le exige que formalice un contrato de transporte o que lo proporcione.

Carga en medio de transporte. La mercancía se entrega a bordo del buque preparada para su descarga. Por tanto, todos los costos y riesgos de la descarga de la mercancía en el puerto de destino son por cuenta del comprador, excepto si en el contrato de transporte los costos de descarga son por cuenta del vendedor. En ese caso, el vendedor no podrá reclamar al comprador su devolución, salvo que ambas partes así lo acuerden.

Transmisión del riesgo. Cuando se utilizan CPT, CIP, CFR o CIF, la empresa vendedora cumple con su obligación de entrega cuando se pone la mercancía en poder del porteador y no cuando la mercancía llega al lugar de destino.

Esta regla tiene dos puntos críticos, porque el riesgo se transmite y los costos se transfieren en lugares diferentes. Es muy recomendable que las partes identifiquen en el contrato, tan precisamente como sea posible, tanto el lugar de entrega, donde el riesgo se transmite al comprador, como el lugar de destino designado hasta donde el vendedor debe contratar el transporte. Si se utilizan varios porteadores para el transporte hasta el destino acordado y las partes no acuerdan un punto de entrega específico, la posición por defecto es que el riesgo se transmite cuando la mercancía se ha entregado al primer porteador en un punto a la entera elección de la empresa vendedora y sobre el que la compradora no tiene ningún control. Si las partes desearan que el riesgo se transmita en una etapa posterior (por ejemplo, en un puerto oceánico o en un aeropuerto), necesitan especificarlo en el contrato de compraventa.

Documentos de entrega. El vendedor debe proporcionar los documentos comerciales para que el comprador pueda realizar el despacho de importación: facturas comerciales, listas de empaque, certificados de origen, certificados de inspección, conocimiento de embarque y demás documentos que el importador requiera para llevar a efectos la importación en el país de destino.

Despacho de exportación/Importación. CFR exige que el vendedor despache la mercancía para la exportación. Sin embargo, el vendedor no tiene ninguna obligación de despacharla para la importación, pagar ningún derecho de importación o llevar a cabo ningún trámite aduanero de importación.

Contratación del seguro de transporte. Bajo este Incoterms no están obligados ni el comprador ni el vendedor a contratar un seguro del transporte principal, sin embargo, si el comprador así lo desea, el vendedor deberá proporcionarle todos los datos suficientes para que éste pueda realizar sin problemas la contratación del mismo.

Notas. Puede que CFR no sea apropiado cuando la mercancía se pone en poder del porteador antes de que esté a bordo del buque, como ocurre, por ejemplo, con la mercancía en contenedores, que se entrega habitualmente en una terminal. En tales situaciones, debería utilizarse la regla CPT.

Notas de orientación: Obligaciones generales del vendedor VS Comprador

A OBLIGACIONES DE LA EMPRESA VENDEDORA	B OBLIGACIONES DE LA EMPRESA COMPRADORA
A1 Obligaciones generales del vendedor El vendedor debe suministrar la mercancía y la factura comercial de conformidad con el contrato de compraventa y cualquier otra prueba de conformidad que pueda exigir el contrato. Cualquier documento al que se haga referencia en A1-A10 puede ser un documento o procedimiento electrónico equivalente si así se acuerda entre las partes o si es habitual.	**B1 Obligaciones generales del comprador** El comprador debe pagar el precio de la mercancía según lo dispuesto en el contrato de compraventa Cualquier documento al que se haga referencia en B1-B10 puede ser un documento o procedimiento electrónico equivalente si así se acuerda entre las partes o si es habitual.
A2 Licencias, autorizaciones, acreditaciones de seguridad y otras formalidades Cuando sea aplicable, el vendedor debe obtener, a su propio riesgo y expensas, cualquier licencia de exportación u otra autorización oficial y llevar a cabo todos los trámites aduaneros necesarios para la exportación de la mercancía.	**B2 Licencias, autorizaciones, acreditaciones de seguridad y otras formalidades** Cuando sea aplicable, compete al comprador obtener, a su propio riesgo y expensas, cualquier licencia de importación u otra autorización oficial y llevar a cabo todos los trámites aduaneros para la importación de la mercancía y para su transporte a través de cualquier país.
A3 Contratos de transporte y seguro a) Contra de transporte El vendedor debe contratar o proporcionar un contrato para el transporte de la mercancía desde el punto de entrega acordado, si lo hay, en el lugar de entrega hasta el puerto de destino designado o, si se acuerda, cualquier punto en dicho puerto. El contrato de transporte debe formalizarse en las condiciones usuales a expensas del vendedor y proporcionar un transporte por la ruta usual en un buque del tipo normalmente utilizado para el transporte del tipo de mercancía vendida. b) Contrato de seguro El vendedor no tiene ninguna obligación ante el comprador de formalizar un contrato de seguro. Sin embargo, el vendedor debe	**B3 Contratos de transporte y seguro** a) Contrato de transporte El comprador no tiene ninguna obligación ante el vendedor de formalizar un contrato de transporte. b) Contrato de seguro El comprador no tiene ninguna obligación ante el vendedor de formalizar un contrato de seguro. Sin embargo, el comprador debe proporcionar al vendedor, si se el pide, la información necesaria para obtener el seguro.

74

proporcionar al comprador, a petición, riesgo y expensas (si las hay) de este último, la información que el comprador necesite para obtener el seguro.

A4 Entrega	**B4 Recepción**
El vendedor debe entregar la mercancía poniéndola a bordo del buque o proporcionando la mercancía así entregada. En cualquiera de los dos casos, el vendedor debe entregar la mercancía en la fecha acordada o dentro del plazo acordado y en la forma acostumbrada en el puerto.	El comprador debe proceder a la recepción de la mercancía cuando se haya entregado como se prevé en A4 y recibirla del porteador en el puerto de destino designado.
A5 Transmisión de riesgos	**B5 Transmisión de riesgos**
El vendedor corre con todos los riesgos de pérdida o daño causados a la mercancía hasta que se haya entregado de acuerdo con A4, con la excepción de la pérdida o daño causados en las circunstancias descritas en B5.	El comprador corre con todos los riesgos de pérdida o daño causados a la mercancía desde el momento en que se haya entregado como se prevé en A4. Si el comprador no da aviso de acuerdo con B7, entonces corre con todos los riesgos de pérdida o daño causados a la mercancía desde la fecha acordada o la fecha de expiración del plazo acordado para el embarque, siempre que la mercancía se haya identificado claramente como la mercancía objeto del contrato.
A6 Reparto de costos	**B6 Reparto de costos**
El vendedor debe pagar a) todos los costos relativos a la mercancía hasta que se haya entregado de acuerdo con A4, diferentes de los pagaderos por el comprador como se prevé en B6; b) el flete y todos los otros costos resultantes de A3 a), incluyendo los de cargar la mercancía a bordo y cualquier gasto de descarga ene l puerto de descarga acordado que fueran por cuenta del vendedor según el contrato de transporte; y c) cuando sea aplicable, los costos de los trámites aduaneros necesarios para la exportación así como todos los derechos, impuestos y demás gastos pagaderos en la exportación, y los costos de su transporte a través de cualquier país que fueran por cuenta del vendedor según el contrato de transporte.	El comprador debe, con sujeción a las disposiciones de A3 a), pagar a) todos los costos relativos a la mercancía desde el momento en que se haya entregado como se prevé en A4, excepto, cuando sea aplicable, los costos de los trámites aduaneros necesarios para la exportación, así como todos los derechos, impuestos y demás gastos pagaderos en la exportación como se refieren en A6 c); b) todos los costos y gastos relativos a la mercancía mientras está en tránsito hasta su llegada al puerto de destino, salvo que tales costos y gastos fueran por cuenta del vendedor según el contrato de transporte; c) los costos de descarga, incluyendo los gastos de gabarra y de muellaje, salvo que tales costos y gastos fueran por

	cuenta del vendedor según el contrato de transporte; d) cualquier costo adicional contraído si no da aviso de acuerdo con B7, desde la fecha acordada o la fecha de expiración del plazo acordado para el embarque, siempre que la mercancía se haya identificado claramente como la mercancía del contrato; y e) cuando sea aplicable, todos los derechos, impuestos y demás gastos, así como los costos de llevar a cabo los trámites aduaneros pagaderos en la importación de la mercancía y los costos de su transporte a través de cualquier país salvo que estén incluidos en le costo del contrato de transporte.
A7 Notificaciones al comprador El vendedor debe dar al comprador todo aviso necesario para permitir al comprador adoptar las medidas normalmente necesarias que permitan a este último proceder a la recepción de la mercancía.	**B7 Notificaciones al vendedor** El comprador debe, siempre que tenga derecho a determinar el momento de embarque de la mercancía y/o el punto de recepción de la mercancía en el puerto de destino designado, dar aviso suficiente de ello al vendedor.
A8 Documento de entrega El vendedor debe, a sus propias expensas, proporcionar al comprador sin demora el documento de transporte usual para el puerto de destino acordado. Este documento de transporte debe cubrir la mercancía objeto del contrato, estar fechado dentro del plazo acordado para el embarque, permitir al comprador que reclame la mercancía al porteador en el puerto de destino y, salvo que se acuerde de otra manera, permitir que el comprador venda la mercancía en tránsito mediante la transferencia del documento a un comprador posterior o mediante notificación al porteador. Cuando el documento de transporte se emite en forma negociable y en varios originales, debe presentarse un juego completo de originales al comprador.	**B8 Prueba de la entrega** El comprador debe aceptar el documento de transporte proporcionado como se prevé en A8 si está en conformidad con el contrato.

A9 Comprobación - embalaje – marcado

El vendedor debe pagar los costos de las operaciones de verificación (tales como la comprobación de la calidad, medidas, pesos o recuentos) necesarias al objeto de entregar la mercancía de acuerdo con A4, así como los costos de cualquier inspección previa al embarque ordenada por las autoridades del país de exportación.

El vendedor debe, a sus propias expensas, embalar la mercancía, a menos que sea usual para ese comercio en particular el transportar sin embalar el tipo de mercancía vendida. El vendedor puede embalar la mercancía de la manera apropiada para su transporte, a menos que el comprador le haya notificado requisitos específicos de embalaje antes de que haya concluido el contrato de compraventa. El embalaje ha de marcarse adecuadamente.

B9 Inspección de la mercancía

El comprador debe pagar los costos de cualquier inspección obligatoria previa al embarque, excepto cuando dicha inspección sea ordenada por las autoridades del país de exportación.

A10 Ayuda con la información y costos relacionados

El vendedor debe, cuando sea aplicable, en el momento oportuno, proporcionar o prestar ayuda para obtener para el comprador, a petición, riesgo y expensas de este último, cualquier documento e información, incluyendo la información relacionada con la seguridad, que necesite el comprador para la importación de la mercancía y/o para su transporte hasta el destino final.
El vendedor debe reembolsar al comprador todos los costos y gastos en que este último haya incurrido al proporcionar o prestar ayuda para obtener documentos e información como se prevé en B10.

B10 Ayuda con la información y costos relacionados

El comprador debe avisar al vendedor, en el momento oportuno, de cualquier requisito de información sobre seguridad de manera que el vendedor pueda cumplir con A10.
El comprador debe reembolsar al vendedor todos los costos y gastos en que este último haya incurrido al proporcionar o prestar ayuda para obtener documentos e información como se prevé en A10.
El comprador debe, cuando sea aplicable, en el momento oportuno, proporcionar o prestar ayuda para obtener para le vendedor, a petición, riesgo y expensas de este último, cualquier documento e información, incluyendo la información relacionada con la seguridad, que el vendedor necesite para el transporte y exportación de la mercancía y para su transporte a través de cualquier país.

6.6. Incoterms: CPT *Carriage Paid To* / Transporte Pagado Hasta
Grupo: 3 " C " Transporte principal pagado

Lugar de entrega	Documentos comerciales y trámites a cargo del exportador	Lugar de transmisión de riesgo	Reparto de costos logísticos
Entregado en Aduana de llegada, a bordo del transporte principal.	<ul><li>Factura comercial</li><li>Lista de empaque</li><li>Pedimento de exportación</li><li>Pago de despacho aduanero (Impuestos, Agente de aduanas, maniobras de exportación).</li><li>Maniobras de carga al transporte principal.</li><li>Contratar y pagar el transporte principal.</li></ul>	Al momento de la carga a bordo del transporte principal.	El exportador soporta todos los gastos hasta la aduana de llegada del país de importación El importador soporta todos los gastos desde que la mercancía arriba a la aduana de importación.

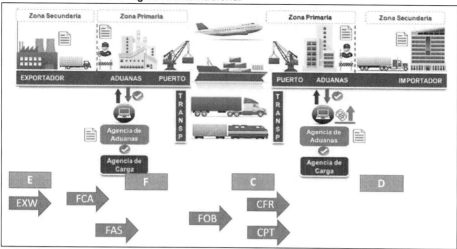

Fuente. Elaboración propia con datos de investigación. Imagen tomada de http://www.casasauza.com/procesos-tequila-sauza/la-logistical-negocio-tequila

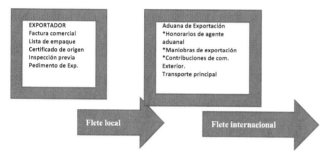

Ejemplo ilustrativo 8:
Valor mercancía ExW. 100.00 Usd
Flete local: 10.00 Usd
Honorarios de Agente Aduanal de Exportación: 3.00 Usd
Maniobras de exportación: 4.00 Usd
Contribuciones de comercio exterior a la exportación: 1.50 Usd
Transporte principal: 15.00 Usd
Precio CPT = 133.50 Usd

Modo de transporte. Esta regla puede utilizarse con independencia del modo de transporte seleccionado y también puede usarse cuando se emplea más de un modo de transporte.

Lugar de Entrega/Recepción de la mercancía. Transporte Pagado Hasta" significa que el vendedor entrega la mercancía al porteador o a otra persona designada por el vendedor en un lugar acordado (si dicho lugar se acuerda entre las partes) y que el vendedor debe contratar y pagar los costos del transporte necesario para llevar la mercancía hasta el lugar de destino designado.

Carga en medio de transporte. La mercancía se entrega cargada en el medio de transporte que ha contratado el vendedor. Por tanto, todos

79

los costos y riesgos de la descarga de la mercancía en el lugar de destino son por cuenta del comprador.

Transmisión del riesgo. Cuando se utilizan CPT, CIP, CFR o CIF, la empresa vendedora cumple con su obligación de entrega cuando se pone la mercancía en poder del porteador y no cuando la mercancía llega al lugar de destino.

Esta regla tiene dos puntos críticos, porque el riesgo se transmite y los costos se transfieren en lugares diferentes. Es muy recomendable que las partes identifiquen en el contrato, tan precisamente como sea posible, tanto el lugar de entrega, donde el riesgo se transmite al comprador, como el lugar de destino designado hasta donde el vendedor debe contratar el transporte. Si se utilizan varios porteadores para el transporte hasta el destino acordado y las partes no acuerdan un punto de entrega específico, la posición por defecto es que el riesgo se transmite cuando la mercancía se ha entregado al primer porteador en un punto a la entera elección de la empresa vendedora y sobre el que la compradora no tiene ningún control. Si las partes desearan que el riesgo se transmita en una etapa posterior (por ejemplo, en un puerto oceánico o en un aeropuerto), necesitan especificarlo en el contrato de compraventa.

Documentos de entrega. El vendedor debe proporcionar los documentos comerciales para que el comprador pueda realizar el despacho de importación: facturas comerciales, listas de empaque, certificados de origen, certificados de inspección, conocimiento de embarque y demás documentos que el importador requiera para llevar a efectos la importación en el país de destino.

Despacho de exportación/Importación. CPT exige que el vendedor despache la mercancía para la exportación. Sin embargo, el vendedor no tiene ninguna obligación de despacharla para la importación, pagar ningún derecho de importación o llevar a cabo ningún trámite aduanero de importación.

Contratación del seguro de transporte. Bajo este Incoterms no están obligados ni el comprador ni el vendedor a contratar un seguro del transporte principal, sin embargo, si el comprador así lo desea, el vendedor deberá proporcionarle todos los datos suficientes para que éste pueda realizar sin problemas la contratación del mismo.

Ventajas de utilizar CPT

Para el vendedor	Para el comprador
El exportador tiene control sobre las mercancías hasta que son entregadas en la aduana de llegada del país de destino.	Es de gran ayuda que el proveedor realice las formalidades aduaneras de exportación, ya que generalmente un comprador desconoce la mecánica de exportaciones en países extranjeros.
Poder dar ofertas en CPT representa una ventaja competitiva frente a su competencia que no lo hace por desconocimiento de la gestión logística de exportaciones.	Si no es un comerciante habitual le permite obtener mejores tarifas de transporte y gestión logística por parte de su proveedor, lo que redunda en mejores beneficios monetarios.
El comprador posiciona las mercancías en el país de su	Es para el comprador de gran ayuda recibir las mercancías en alguna aduana o cruce

cliente, pero si asumir el riesgo hasta el punto de entrega.

fronterizo de su país, dispuestas para ser despachadas en importación.

Desventajas de utilizar CPT

Para el vendedor	Para el comprador
Existe siempre un riesgo llevar las mercancías de las instalaciones del vendedor a la aduana de salida donde se transmite el riesgo. Las mercancías están expuestas al daño, al deterioro, al hurto, etc.	El comprador no tiene control sobre el transporte que no contrató, por lo que estará a expensas de la información que le proporcione el vendedor.
Si existe desconocimiento del manejo de la carga de las mercancías en el puerto de origen, se corre el riesgo de que se den demoras en el proceso y retrase, dañe o extravíe la carga.	El comprador, es el responsable del despacho de importación por lo que debe conocer muy bien cómo funciona la gestión logística en su país para evitar demoras y almacenajes.

Notas de orientación: Obligaciones generales del vendedor VS Comprador

A OBLIGACIONES DE LA EMPRESA VENDEDORA	B OBLIGACIONES DE LA EMPRESA COMPRADORA
A1 Obligaciones generales del vendedor El vendedor debe suministrar la mercancía y la factura comercial de conformidad con el contrato de compraventa y cualquier otra prueba de conformidad que pueda exigir el contrato. Cualquier documento al que se haga referencia en A1-A10 puede ser un documento o procedimiento electrónico equivalente si así se acuerda entre las partes o si es habitual.	**B1 Obligaciones generales del comprador** El comprador debe pagar el precio de la mercancía según lo dispuesto en el contrato de compraventa. Cualquier documento al que se haga referencia en B1-B10 puede ser un documento o procedimiento electrónico equivalente si así se acuerda entre las partes o si es habitual.
A2 Licencias, autorizaciones, acreditaciones de seguridad y otras formalidades Cuando sea aplicable, el vendedor debe obtener, a su propio riesgo y expensas, cualquier licencia de exportación u otra autorización oficial y llevar a cabo todos los trámites aduaneros necesarios para la exportación de la mercancía, y para su transporte a través de cualquier país antes de la entrega.	**B2 Licencias, autorizaciones, acreditaciones de seguridad y otras formalidades** Cuando sea aplicable, compete al comprador obtener, a su propio riesgo y expensas, cualquier licencia de importación u otra autorización oficial y llevar a cabo todos los trámites aduaneros para la importación de la mercancía y para su transporte a través de cualquier país.
A3 Contratos de transporte y seguro a) Contrato de transporte El vendedor debe contratar o proporcionar un contrato para el	**B3 Contratos de transporte y seguro** a) Contrato de transporte El comprador no tiene ninguna obligación ante el vendedor de

transporte de la mercancía desde el punto de entrega acordado, si lo hay, en el lugar de entrega, hasta el lugar de destino designado o, si se acuerda, cualquier punto en dicho lugar. El contrato de transporte debe formalizarse en las condiciones usuales a expensas del vendedor y proporcionar un transporte por una ruta usual y en la forma acostumbrada. Si no se acuerda un punto específico o no lo determina la práctica, el vendedor puede elegir el punto de entrega y el punto en el lugar de destino designado que mejor le convenga. b) Contrato de seguro El vendedor no tiene ninguna obligación ante el comprador de formalizar un contrato de seguro. Sin embargo, el vendedor debe proporcionar al comprador, a petición, riesgo y expensas (si las hay) de este último, la información que el comprador necesite para obtener el seguro.	formalizar un contrato de transporte. b) Contrato de seguro El comprador no tiene ninguna obligación ante el vendedor de formalizar un contrato de seguro. Sin embargo, el comprador debe proporcionar al vendedor, si se le pide, la información necesaria para obtener el seguro.
A4 Entrega El vendedor debe entregar la mercancía poniéndola en poder del porteador contratado de acuerdo con A3 en la fecha acordada o dentro del plazo acordado.	**B4 Recepción** El comprador debe proceder a la recepción de la mercancía cuando se haya entregado como se prevé en A4 y recibirla del porteador en el lugar de destino designado.
A5 Transmisión de riesgos El vendedor corre con todos los riesgos de pérdida o daño causados a la mercancía hasta que se haya entregado de acuerdo con A4, con la excepción de la pérdida o daño causados en las circunstancias descritas en B5.	**B5 Transmisión de riesgos** El comprador corre con todos los riesgos de pérdida o daño causados a la mercancía desde el momento en que se haya entregado como se prevé en A4. Si el comprador no da aviso de acuerdo con B7, debe correr con todos los riesgos de pérdida o daño causados a la mercancía desde la fecha acordada o la fecha de expiración del plazo acordado para la entrega, siempre que la mercancía se haya identificado claramente como la mercancía objeto del contrato.
A6 Reparto de costos El vendedor debe pagar a) todos los costos relativos a la mercancía hasta que se haya entregado de acuerdo con A4, diferentes de los pagaderos por el comprador como se prevé en B6;	**B6 Reparto de costos** El comprador debe, con sujeción a las disposiciones de A3 a), pagar a) todos los costos relativos a la mercancía desde el momento en que se haya entregado como se

b) el flete y todos los otros costos resultantes de A3 a), incluyendo los costos de cargar la mercancía y cualquier gasto de descarga en el lugar de destino que fuera por cuenta del vendedor según el contrato de transporte; y

c) cuando sea aplicable, los costos de los trámites aduaneros necesarios para la exportación, así como todos los derechos, impuestos y demás gastos pagaderos en la exportación, y los costos de su transporte a través de cualquier país que fueran por cuenta del vendedor según el contrato de transporte.

prevé en A4, excepto, cuando se aplicable, los costos de los trámites aduaneros necesarios para la exportación, así como todos los derechos, impuestos y demás gastos pagaderos en la exportación como se refieren en A6 c);

b) todos los costos y gastos relativos a la mercancía mientras está en tránsito hasta su llegada al lugar de destino acordado, salvo que tales costos y gastos fueran por cuenta del vendedor según el contrato de transporte;

c) los costos de descarga, salvo que dichos costos fueran por cuenta del vendedor según el contrato de transporte;

d) cualquier costo adicional contraído si el comprador no da aviso de acuerdo con B7, desde la fecha acordada o la fecha de expiración del plazo fijado para la expedición, siempre que la mercancía haya sido identificada claramente como la mercancía del contrato; y

e) cuando sea aplicable, todos los derechos, impuestos y demás gastos, así como los costos de llevar a cabo los trámites aduaneros pagaderos en la importación de la mercancía y los costos de su transporte a través de cualquier país, salvo que estén incluidos en el costo del contrato de transporte.

A7 Notificaciones al comprador	**B7 Notificaciones al vendedor**
El vendedor debe notificar al comprador que la mercancía se ha entregado de acuerdo con A4. El vendedor debe dar al comprador todo aviso necesario para permitir al comprador adoptar las medidas normalmente necesarias que permitan a este último hacerse cargo de la mercancía.	El comprador debe, siempre que tenga derecho a determinar el momento de expedición de la mercancía y/o el lugar de destino designado o el punto de recepción de la mercancía en dicho lugar, dar aviso suficiente de ello al vendedor.

A8 Documento de entrega	**B8 Prueba de la entrega**
Si es costumbre o a petición del comprador, el vendedor debe proporcionar al comprador, a expensas del vendedor, el documento o documentos de transporte usuales para el transporte contratado de acuerdo con A3.	El comprador debe aceptar el documento de transporte proporcionado como se prevé en A8 si está en conformidad con el contrato.

Este documento de transporte debe cubrir la mercancía del contrato y estar fechado dentro del plazo acordado para el embarque. Si así se acuerda o es la costumbre, el documento también debe permitir que el comprador reclame la mercancía al porteador en el lugar de destino designado y debe permitir al comprador que venda la mercancía en tránsito mediante la transferencia del documento a un comprador posterior o mediante notificación al porteador.

A9 Comprobación - embalaje – marcado

El vendedor debe pagar los costos de las operaciones de verificación (tales como la comprobación de la calidad, medidas, pesos o recuentos) necesarias al objeto de entregar la mercancía de acuerdo con A4, así como los costos de cualquier inspección previa al embarque ordenada por las autoridades del país de exportación.

El vendedor debe, a sus propias expensas, embalar la mercancía, a menos que sea usual para ese comercio en particular el transportar sin embalar el tipo de mercancía vendida. El vendedor puede embalar la mercancía de la manera apropiada para su transporte, a menos que el comprador le haya notificado requisitos específicos de embalaje antes de que haya concluido el contrato de compraventa. El embalaje ha de marcarse adecuadamente.

B9 Inspección de la mercancía

El comprador debe pagar los costos de cualquier inspección obligatoria previa al embarque, excepto cuando dicha inspección sea ordenada por las autoridades del país de exportación.

A10 Ayuda con la información y costos relacionados

El vendedor debe, cuando sea aplicable, en el momento oportuno, proporcionar o prestar ayuda para obtener para el comprador, a petición, riesgo y expensas de este último, cualquier documento e información, incluyendo la información relacionada con la seguridad, que necesite el comprador para la importación de la mercancía y/o para su transporte hasta el destino final.

B10 Ayuda con la información y costos relacionados

El comprador debe avisar al vendedor, en el momento oportuno, de cualquier requisito de información sobre seguridad de manera que el vendedor pueda cumplir con A10.

El comprador debe reembolsar al vendedor todos los costos y gastos en que este último haya incurrido al proporcionar o prestar ayuda para obtener documentos e información como se prevé en A10.

84

El vendedor debe reembolsar al comprador todos los costos y gasto en que este último haya incurrido al proporcionar o prestar ayuda para obtener documentos e información como se prevé en B10.	El comprador debe, cuando sea aplicable, en el momento oportuno, proporcionar o prestar ayuda para obtener para el vendedor, a petición, riesgo y expensas de este último, cualquier documento e información, incluyendo la información relacionada con la seguridad, que el vendedor necesite para el transporte y exportación de la mercancía y para su transporte a través de cualquier país.

6.7. Incoterm: CIF *Cost Insurance and Freight* / Costo, Seguro y Flete
Grupo: 3 " C " Transporte principal pagado

Lugar de entrega	Documentos comerciales y trámites a cargo del exportador	Lugar de transmisión de riesgo	Reparto de costos logísticos
Entregado en Aduana de llegada, a bordo del barco con seguro incluido.	• Factura comercial • Lista de empaque • Pedimento de exportación • Pago de despacho aduanero (Impuestos, Agente de aduanas, maniobras de exportación). • Maniobras de carga al transporte principal. • Contratar y pagar el transporte principal. • Contratar y pagar una póliza de seguro de la mercancía.	Al momento de la carga a bordo del barco.	El exportador soporta todos los gastos hasta la aduana de llegada del país de importación El importador soporta todos los gastos desde que la mercancía arriba a la aduana de importación.

Grafico no. 8
Cadena logística Internacional

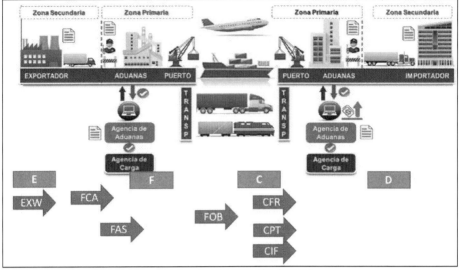

Fuente. Elaboración propia con datos de investigación. Imagen tomada de http://www.casasauza.com/procesos-tequila-sauza/la-logistical-negocio-tequila

Ejemplo ilustrativo 9:
Valor mercancía ExW. 100.00 Usd
Flete local: 10.00 Usd
Honorarios de Agente Aduanal de Exportación: 3.00 Usd
Maniobras de exportación: 4.00 Usd
Contribuciones de comercio exterior a la exportación: 1.50 Usd
Transporte principal: 15.00 Usd
Seguro de la mercancía: 2.50 Usd
Precio CIF = 136.00 Usd

Modo de transporte. Esta regla sólo ha de utilizarse para el transporte por mar o por vías navegables interiores.

Lugar de Entrega/Recepción de la mercancía. "Costo, Seguro y Flete" significa que la empresa vendedora entrega la mercancía a bordo del buque o proporciona la mercancía así ya entregada. El riesgo de pérdida o daño a la mercancía se transmite cuando la mercancía está a bordo del buque. La empresa vendedora debe contratar y pagar los costos y el flete necesarios para llevar la mercancía hasta el puerto de destino designado.

Carga en medio de transporte. Se exige al vendedor o que entregue la mercancía a bordo del buque o que proporcione la mercancía así ya entregada para el embarque hasta el destino. Además, se le exige que formalice un contrato de transporte o que lo proporcione. La referencia a "proporcionar" sirve para las compraventas múltiples de una cadena de ventas, especialmente habituales en el comercio de productos básicos.

Puede que CIF no sea apropiado cuando la mercancía se pone en poder del porteador antes de que esté a bordo del buque, como ocurre, por ejemplo, con la mercancía en contenedores, que se entrega habitualmente en una terminal. En tales situaciones, debería utilizarse la regla CIP.

Transmisión del riesgo. Cuando se utilizan CPT, CIP, CFR O CIF, la empresa vendedora cumple con su obligación de entrega cuando pone la mercancía en poder del porteador del modo especificado en la regla escogida y no cuando la mercancía llega al lugar de destino.

Esta regla tiene dos puntos críticos, porque el riesgo se transmite y los costos se transfieren en lugares diferentes. Es muy recomendable que las partes identifiquen en el contrato, tan precisamente como sea posible, tanto el lugar de entrega, donde el riesgo se transmite a la empresa compradora, como el lugar de destino designado hasta el que la vendedora debe contratar el transporte. Si se utilizan varios porteadores para el transporte hasta el destino acordado y las partes no acuerdan un punto de entrega específico, la posición por defecto es que el riesgo se transmite cuando la mercancía se ha entregado al primer porteador en un punto a la entera elección de la empresa vendedora y sobre el que la compradora no tiene ningún control. Si las partes desearan que el riesgo se transmita en una etapa posterior (por ejemplo, en un puerto oceánico o en un aeropuerto), han de especificarlo en el contrato de compraventa.

También se recomienda a las partes que identifiquen tan precisamente como sea posible el punto en el lugar de destino acordado, puesto que los costos hasta dicho punto son por cuenta del vendedor. Se recomienda a la empresa vendedora que proporcione contratos de transporte que se ajusten con precisión a esta elección. Si la empresa vendedora incurre en costos según el contrato de transporte que estén relacionados con la descarga en el lugar de destino designado, no tiene derecho a recuperarlos de la compradora a menos que las partes lo acuerden de otro modo.

Documentos de entrega. El vendedor debe proporcionar los documentos comerciales para que el comprador pueda realizar el despacho de importación: facturas comerciales, listas de empaque, certificados de origen, certificados de inspección, conocimiento de embarque, póliza de seguro, y demás documentos que el importador requiera para llevar a efectos la importación en el país de destino.

Despacho de exportación/Importación. CIF exige que el vendedor despache la mercancía para la exportación cuando sea aplicable. Sin embargo, el vendedor no tiene ninguna obligación de despacharla para la importación, pagar ningún derecho de importación o llevar a cabo ningún trámite aduanero de importación.

Contratación del seguro de transporte. El vendedor también contrata la cobertura de seguro contra el riesgo del comprador de pérdida o daño causados a la mercancía durante el transporte. El comprador debería observar que, en condiciones CIF, se exige al vendedor que obtenga el seguro sólo por una cobertura mínima. Si el comprador deseara tener más protección del seguro, necesitaría acordar expresamente con el vendedor o bien contratar sus propias coberturas.

Ventajas de utilizar CIF

Para el vendedor	Para el comprador
El exportador tiene control sobre las mercancías hasta que son entregadas en la aduana de llegada del país de destino.	Es para el comprador de gran ayuda recibir las mercancías en alguna aduana o cruce fronterizo de su país, dispuestas para ser despachadas en importación.
Poder ofrecer ofertas en CIF representa una ventaja competitiva frente a su competencia que no lo hace por desconocimiento de la gestión logística de exportaciones.	Si no es un comerciante habitual le permite obtener mejores tarifas de transporte y gestión logística por parte de su proveedor, lo que redunda en mejores beneficios monetarios.
El comprador posiciona las mercancías en el país de su cliente, pero si asumir el riesgo hasta el punto de entrega.	La mercancía cuenta con un seguro cuyo beneficiario es el comprador.

Desventajas de utilizar CIF

Para el vendedor	Para el comprador
Existe siempre un riesgo llevar las mercancías de las instalaciones del vendedor a la aduana de salida donde se transmite el riesgo. Las mercancías están expuestas al daño, al deterioro, al hurto, etc.	El comprador no tiene control sobre el transporte que no contrató, por lo que estará a expensas de la información que le proporcione el vendedor.
Si existe desconocimiento de los procesos logísticos aduaneros a la exportación y de contratación de transporte, CIP no es la mejor opción ya que representa la entrega en el país de destino. No así la transmisión de riesgos la cual se da en términos FOB.	El comprador, es el responsable del despacho de importación por lo que debe conocer muy bien cómo funciona la gestión logística en su país para evitar demoras y almacenajes.

Notas de orientación: Obligaciones generales del vendedor VS Comprador

A OBLIGACIONES DE LA EMPRESA VENDEDORA	B OBLIGACIONES DE LA EMPRESA COMPRADORA
A1 Obligaciones generales del vendedor	B1 Obligaciones generales del comprador
El vendedor debe suministrar la mercancía y la factura comercial de conformidad con el contrato de compraventa y cualquier otra prueba de conformidad que pueda exigir el contrato.	El comprador debe pagar el precio de la mercancía según lo dispuesto en el contrato de compraventa.

Cualquier documento al que se haga referencia en A1-A10 puede ser un documento o procedimiento electrónico equivalente si así se acuerda entre las partes o si es habitual.	Cualquier documento al que se haga referencia en B1-B10 puede ser un documento o procedimiento electrónico equivalente si así se acuerda entre las partes o si es habitual.
A2 Licencias, autorizaciones, acreditaciones de seguridad y otras formalidades	**B2 Licencias, autorizaciones, acreditaciones de seguridad y otras formalidades**
Cuando sea aplicable, el vendedor debe obtener, a su propio riesgo y expensas, cualquier licencia de exportación u otra autorización oficial y llevar a cabo todos los trámites aduaneros necesarios para la exportación de la mercancía.	Cuando sea aplicable, compete al comprador obtener, a su propio riesgo y expensas, cualquier licencia de importación u otra autorización oficial y llevar a cabo todos los trámites aduaneros para la importación de la mercancía y para su transporte a través de cualquier país.
A3 Contratos de transporte y seguro	**B3 Contratos de transporte y seguro**
a) Contrato de transporte El vendedor debe contratar o proporcionar un contrato para el transporte de la mercancía desde el punto de entrega acordado, si lo hay, en el lugar de entrega hasta el puerto de destino designado o, si se acuerda, cualquier punto en dicho puerto. El contrato de transporte debe formalizarse en las condiciones usuales a expensas del vendedor y proporcionar un transporte por la ruta usual en un buque del tipo normalmente utilizado para el transporte del tipo de mercancía vendida. b) Contrato de seguro El vendedor debe obtener, a sus propias expensas, un seguro de la carga que cumpla al menos con la cobertura mínima dispuesta por las cláusulas (C) de las Cláusulas de Carga del Instituto (LMA/IUA) u otras cláusulas similares. El seguro deberá contratarse con aseguradores o con una compañía de seguros de buena reputación y dar derecho al comprador, o a cualquier otra persona que tenga un interés asegurable sobre la mercancía, a reclamar directamente al asegurador. A petición del comprador, el vendedor deberá proporcionar, sujeto a que el comprador facilite	a) Contrato de transporte El comprador no tiene ninguna obligación ante el vendedor de formalizar un contrato de transporte. b) Contrato de seguro El comprador no tiene ninguna obligación ante el vendedor de formalizar un contrato de seguro. Sin embargo, el comprador debe proporcionar al vendedor, si se le pide, cualquier información necesaria para que el vendedor proporcione cualquier seguro adicional solicitado por el comprador como se prevé en A3 b).

toda la información necesaria solicitada por el vendedor, y a expensas del comprador, toda cobertura adicional, si puede proporcionarse, tales como la cobertura proporcionada por las cláusulas (A) o (B) de las Cláusulas de Carga del Instituto (LMA/IUA) u otras cláusulas similares y/o cobertura que cumpla con las Cláusulas de Guerra del Instituto y/o las Cláusulas de Huelga del Instituto (LMA/IUA) u otras cláusulas similares.

El seguro deberá cubrir, como mínimo, el precio dispuesto en el contrato más un 10% (esto es, el 110%) y deberá concertarse en la moneda del contrato.

El seguro deberá cubrir la mercancía desde el punto de entrega fijado en A4 y A5 hasta, al menos, el puerto de destino designado.
El vendedor debe proporcionar al comprador la póliza de seguro u otra prueba de la cobertura del seguro.
Además, el vendedor debe proporcionar al comprador, a petición, riesgo y expensas (si las hay) de este último, la información que el comprador necesite para proporcionar cualquier seguro adicional.

A4 Entrega El vendedor debe entregar la mercancía o poniéndola a bordo del buque o proporcionando la mercancía así entregada. En cualquiera de los dos casos, el vendedor debe entregar la mercancía en la fecha acordada o dentro del plazo acordado y en la forma acostumbrada en el puerto.	**B4 Recepción** El comprador debe proceder a la recepción de la mercancía cuando se haya entregado como se prevé en A4 y recibirla del porteador en el puerto de destino designado.
A5 Transmisión de riesgos El vendedor corre con todos los riesgos de pérdida o daño causados a la mercancía hasta que se haya entregado de acuerdo con A4, con la excepción de la pérdida o daño causados en las circunstancias descritas en B5.	**B5 Transmisión de riesgos** El comprador corre con todos los riesgos de pérdida o daño causados a la mercancía desde el momento en que se haya entregado como se prevé en A4. Si el comprador no da a viso de conformidad con B7, entonces corre con todos los riesgos de pérdida o daño causados a la

	mercancía desde la fecha acordada o la fecha de expiración del plazo acordado para el embarque, siempre que la mercancía se haya identificado claramente como la mercancía objeto de contrato.
A6 Reparto de costos El vendedor debe pagar a) todos los costos relativos a la mercancía hasta que se haya entregado de acuerdo con A4, diferentes de los pagaderos por el comprador como se prevé en B6; b) el flete y todos los otros costos resultantes de A3 a), incluyendo los de cargar la mercancía a bordo y cualquier gasto de descarga en el puerto de descarga acordado que fueran por cuenta del vendedor según el contrato de transporte; c) los costos del seguro resultantes de A3 b); y d) cuando sea aplicable, los costos de los trámites aduaneros necesarios para la exportación, así como todos los derechos, impuestos y demás gastos pagaderos en la exportación, y los costos de su transporte a través de cualquier país que fueran por cuenta del vendedor según el contrato de transporte.	**B6 Reparto de costos** El comprador debe, con sujeción a las disposiciones de A3 a), pagar a) todos los costos relativos a la mercancía desde el momento en que se haya entregado como se prevé en A4, excepto, cuando sea aplicable, los costos de los trámites aduaneros necesarios para la exportación, así como todos los derechos, impuestos y demás gastos pagaderos en la exportación como se refieren en A6 d); b) todos los costos y gastos relativos a la mercancía mientras está en tránsito hasta su llegada al puerto de destino, salvo que tales costos y gastos fueran por cuenta del vendedor según el contrato de transporte; c) los costos de descarga incluyendo los gastos de gabarra y de muellaje, salvo que tales costos y gastos fueran por cuenta del vendedor según el contrato de transporte; d) cualquier costo adicional contraído si no da aviso de acuerdo con B7, desde la fecha acordada o la fecha de expiración del plazo acordado para el embarque, siempre que la mercancía se haya identificado claramente como la mercancía del contrato; e) cuando sea aplicable, todos los derechos, impuestos y demás gastos, así como los costos de llevar a cabo los trámites aduaneros pagaderos en la importación de la mercancía y los costos de su transporte a través de cualquier país, salvo que estén incluidos en el costo del contrato de transporte; y f) Los costos de cualquier seguro adicional proporcionando a petición del comprador según A3 b) y B3 b).
A7 Notificaciones al comprador	**B7 Notificaciones al vendedor**

91

El vendedor debe dar al comprador todo aviso necesario para permitir al comprador adoptar las medidas normalmente necesarias que permitan a este último proceder a la recepción de la mercancía.	El comprador debe, siempre que tenga derecho a determinar el momento de embarque de la mercancía y/o el punto de recepción de la mercancía en el puerto de destino designado, dar aviso suficiente de ello al vendedor.
A8 Documento de entrega El vendedor debe, a sus propias expensas, proporcionar al comprador sin demora el documento de transporte usual para el puerto de destino acordado. Este documento de transporte debe cubrir la mercancía objeto del contrato, estar fechado dentro del plazo acordado para el embarque, permitir al comprador que reclame la mercancía al porteador en el puerto de destino y, salvo que se acuerde de otra manera, permitir que el comprador venda la mercancía en tránsito mediante la transferencia del documento a un comprador posterior o mediante notificaciones al porteador. Cuando tal documento de transporte se emite en forma negociable y en varios originales, debe presentarse un juego completo de originales al comprador.	**B8 Prueba de entrega** El comprador debe aceptar el documento de transporte proporcionado como se prevé en A8 si está en conformidad con el contrato.
A9 Comprobación - embalaje - marcado El vendedor debe pagar los costos de las operaciones de verificación (tales como la comprobación de4 la calidad, medidas, pesos o recuentos) necesarias al objeto de entregar la mercancía de acuerdo con A4, así como los costos de cualquier inspección previa al embarque ordenada por las autoridades del país de exportación. El vendedor debe, a sus propias expensas, embalar la mercancía, a menos que sea usual para ese comercio en particular el transportar sin embalar el tipo de mercancía vendida. El vendedor puede embalar la mercancía de la	**B9 Inspección de la mercancía** El comprador debe pagar los costos de cualquier inspección obligatoria previa al embarque, excepto cuando dicha inspección sea ordenada por las autoridades del país de exportación.

manera apropiada para su transporte, a menos que el comprador le haya notificado requisitos específicos de embalaje antes de que haya concluido el contrato de compraventa. El embalaje ha de marcarse adecuadamente.	
A10 Ayuda con la información y costos relacionados	**B10 Ayuda con la información y costos relacionados**
El vendedor debe, cuando sea aplicable, en el momento oportuno, proporcionar o prestar ayuda para obtener para el comprador, a petición, riesgo y expensas de este último, cualquier documento e información, incluyendo la información relacionada con la seguridad, que necesite el comprador para la importación de la mercancía y/o para su transporte hasta el destino final. El vendedor debe reembolsar al comprador todos los costos y gastos en que este último haya incurrido al proporcionar o prestar ayuda para obtener documentos e información como se prevé en B10.	El comprador debe avisar al vendedor, en el momento oportuno, de cualquier requisito de información sobre seguridad de manera que el vendedor pueda cumplir con A10. El comprador debe reembolsar al vendedor todos los costos y gastos en que este último haya incurrido al proporcionar o prestar ayuda para obtener documentos e información como se prevé en A10. El comprador debe, cuando sea aplicable, en el momento oportuno, proporcionar o prestar ayuda para obtener para el vendedor, a petición, riesgo y expensas de este último, cualquier documento e información, incluyendo la información relacionada con la seguridad, que el vendedor necesite para el transporte y exportación de la mercancía y para su transporte a través de cualquier país.

6.8. **Incoterms: CIP** *Carriage And Insurance Paid* **To /**
 Transporte y Seguro Pagado Hasta
 Grupo: 3 " C " Transporte principal pagado

Lugar de entrega	Documentos comerciales y trámites a cargo del exportador	Lugar de transmisión de riesgo	Reparto de costos logísticos
Entregado en Aduana de llegada, a bordo del transporte principal con seguro incluido.	• Factura comercial • Lista de empaque • Pedimento de exportación • Pago de despacho aduanero (Impuestos, Agente de aduanas,	Al momento de la carga a bordo del transporte principal.	El exportador soporta todos los gastos hasta la aduana de llegada del país de importación El importador soporta todos los gastos desde que la

	maniobras de exportación). • Maniobras de carga al transporte principal. • Contratar y pagar el transporte principal. • Contratar y pagar una póliza de seguro de la mercancía.		mercancía arriba a la aduana de importación.

Grafico no. 6
Cadena logística Internacional

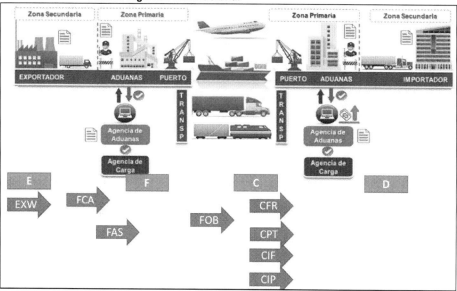

Fuente. Elaboración propia con datos de investigación. Imagen tomada de http://www.casasauza.com/procesos-tequila-sauza/la-logistical-negocio-tequila

Ejemplo ilustrativo 10:
Valor mercancía ExW. 100.00 Usd
Flete local: 10.00 Usd
Honorarios de Agente Aduanal de Exportación: 3.00 Usd
Maniobras de exportación: 4.00 Usd
Contribuciones de comercio exterior a la exportación: 1.50 Usd
Transporte principal: 15.00 Usd
Seguro de la mercancía: 2.50 Usd
Precio CIP = 136.00 Usd

Modo de transporte. Esta regla puede utilizarse con independencia del modo de transporte seleccionado y también puede usarse cuando se emplea más de un modo de transporte.

Lugar de Entrega/Recepción de la mercancía. "Transporte y Seguro Pagados Hasta" significa que el vendedor entrega la mercancía al porteador o a otra persona designada por el vendedor en un lugar acordado (si dicho lugar se acuerda entre las partes) y

95

que el vendedor debe contratar y pagar los costos del transporte necesario para llevar la mercancía hasta el lugar de destino designado.

Carga en medio de transporte. La mercancía se entrega cargada en el medio de transporte del transportista que ha contratado el vendedor. Por tanto, todos los costos y riesgos de la descarga de la mercancía en el lugar de destino son por cuenta del comprador.

Transmisión del riesgo. Esta regla tiene dos puntos críticos, porque el riesgo se transmite y los costos se transfieren en lugares diferentes. Es muy recomendable que las partes identifiquen en el contrato, tan precisamente como sea posible, tanto el lugar de entrega, donde el riesgo se transmite a la empresa compradora, como el lugar de destino designado hasta el que la vendedora debe contratar el transporte. Si se utilizan varios porteadores para el transporte hasta el destino acordado y las partes no acuerdan un punto de entrega específico, la posición por defecto es que el riesgo se transmite cuando la mercancía se ha entregado al primer porteador en un punto a la entera elección de la empresa vendedora y sobre el que la compradora no tiene ningún control. Si las partes desearan que el riesgo se transmita en una etapa posterior (por ejemplo, en un puerto oceánico o en un aeropuerto), han de especificarlo en el contrato de compraventa.

También se recomienda a las partes que identifiquen tan precisamente como sea posible el punto en el lugar de destino acordado, puesto que los costos hasta dicho punto son por cuenta del vendedor. Se recomienda a la empresa vendedora que proporcione contratos de transporte que se ajusten con precisión a esta elección. Si la empresa vendedora incurre en costos según el contrato de transporte que estén relacionados con la descarga en el lugar de destino designado, no tiene derecho a recuperarlos de la compradora a menos que las partes lo acuerden de otro modo.

Documentos de entrega. El vendedor debe proporcionar los documentos comerciales para que el comprador pueda realizar el despacho de importación: facturas comerciales, listas de empaque, certificados de origen, certificados de inspección, conocimiento de embarque, póliza de seguro, y demás documentos que el importador requiera para llevar a efectos la importación en el país de destino.

Despacho de exportación/Importación. CIP exige que el vendedor despache la mercancía para la exportación cuando sea aplicable. Sin embargo, el vendedor no tiene ninguna obligación de despacharla para la importación, pagar ningún derecho de importación o llevar a cabo ningún trámite aduanero de importación.

Contratación del seguro de transporte. El vendedor también contrata la cobertura de seguro contra el riesgo del comprador de pérdida o daño causados a la mercancía durante el transporte. El comprador debería observar que, en condiciones CIP, se exige al vendedor que obtenga el seguro sólo por una cobertura mínima. Si el comprador deseara tener más protección del seguro, necesitaría acordar expresamente con el vendedor o bien contratar sus propias coberturas.

Ventajas de utilizar CIP

Para el vendedor	Para el comprador

El exportador tiene control sobre las mercancías hasta que son entregadas en la aduana de llegada del país de destino.

Es para el comprador de gran ayuda recibir las mercancías en alguna aduana o cruce fronterizo de su país, dispuestas para ser despachadas en importación.

Poder ofrecer ofertas en CIP representa una ventaja competitiva frente a su competencia que no lo hace por desconocimiento de la gestión logística de exportaciones.

Si no es un comerciante habitual le permite obtener mejores tarifas de transporte y gestión logística por parte de su proveedor, lo que redunda en mejores beneficios monetarios.

El comprador posiciona las mercancías en el país de su cliente, pero si asumir el riesgo hasta el punto de entrega.

La mercancía cuenta con un seguro cuyo beneficiario es el comprador.

Desventajas de utilizar CIP

Para el vendedor	Para el comprador
Existe siempre un riesgo llevar las mercancías de las instalaciones del vendedor a la aduana de salida donde se transmite el riesgo. Las mercancías están expuestas al daño, al deterioro, al hurto, etc.	El comprador no tiene control sobre el transporte que no contrató, por lo que estará a expensas de la información que le proporcione el vendedor.
Si existe desconocimiento de los procesos logísticos aduaneros a la exportación y de contratación de transporte, CIP no es la mejor opción ya que representa la entrega en el país de destino. No así la transmisión de riesgos la cual se da en términos FOB.	El comprador, es el responsable del despacho de importación por lo que debe conocer muy bien cómo funciona la gestión logística en su país para evitar demoras y almacenajes.

Notas de orientación: Obligaciones generales del vendedor VS Comprador

A OBLIGACIONES DE LA EMPRESA VENDEDORA	B OBLIGACIONES DE LA EMPRESA COMPRADORA
A1 Obligaciones generales del vendedor	**B1 Obligaciones generales del comprador**
El vendedor debe suministrar la mercancía y la factura comercial de conformidad con el contrato de compraventa y cualquier otra prueba de conformidad que pueda exigir el contrato.	El comprador debe pagar el precio de la mercancía según lo dispuesto en el contrato de compraventa.
Cualquier documento al que se haga referencia en A1-A10 puede ser un documento o procedimiento electrónico equivalente si así se acuerda entre las partes o si es habitual.	Cualquier documento al que se haga referencia en B1-B10 puede ser un documento o procedimiento electrónico equivalente si así se acuerda entre las partes o si es habitual.
A2 Licencias, autorizaciones, acreditaciones de seguridad y otras formalidades	**B2 Licencias, autorizaciones, acreditaciones de seguridad y otras formalidades**
Cuando sea aplicable, el vendedor debe obtener, a su propio riesgo y expensas,	Cuando sea aplicable, compete al comprador obtener, a su propio riesgo y expensas,

cualquier licencia de exportación u otra autorización oficial y llevar a cabo todos los trámites aduaneros necesarios para la exportación de la mercancía y para su transporte a través de cualquier país antes de la entrega.	cualquier licencia de importación u otra autorización oficial y llevar a cabo todos los trámites aduaneros para la importación de la mercancía y para su transporte a través de cualquier país.
A3 Contratos de transporte y seguro a) Contrato de transporte El vendedor debe contratar o proporcionar un contrato para el transporte de la mercancía desde el punto de entrega acordado, si lo hay, en el lugar de entrega hasta el lugar de destino designado o, si se ha acordado, cualquier punto en dicho lugar. El contrato de transporte debe formalizarse en las condiciones usuales a expensas del vendedor y proporcionar un transporte por una ruta usual y en la forma acostumbrada. Si no se acuerda un punto específico o no lo determina la práctica, el vendedor puede elegir el punto de entrega y el punto en el lugar de destino designado que mejor le convenga. b) Contrato de seguro El vendedor debe obtener, a sus propias expensas, un seguro de la carga que cumpla al menos con la cobertura mínima dispuesta por las cláusulas (C) de las Cláusulas de Carga del Instituto (LMA/IUA) u otras cláusulas similares. El seguro deberá contratarse con aseguradores o con una compañía de seguros de buena reputación y dar derecho al comprador, o a cualquier otra persona que tenga un interés asegurable sobre la mercancía, a reclamar directamente al asegurador. A petición del comprador, el vendedor deberá proporcionar, sujeto a que el comprador facilite toda la información necesaria solicitada por el vendedor, y a expensas del comprador, toda cobertura adicional, si puede proporcionarse, tales como la cobertura proporcionada por las cláusulas (A) o (B) de las Cláusulas de Carga del Instituto	**B3 Contratos de transporte y seguro** a) Contrato de transporte El comprador no tiene ninguna obligación ante el vendedor de formalizar un contrato de transporte. b) Contrato de seguro El comprador no tiene ninguna obligación ante el vendedor de formalizar un contrato de seguro. Sin embargo, el comprador debe proporcionar al vendedor, si se le pide, cualquier información necesaria para que el vendedor proporcione cualquier seguro adicional solicitado por el comprador como se prevé en A3 b).

(LMA/IUA) u otras cláusulas similares, y/o cobertura que cumpla con las Cláusulas de Guerra del Instituto y/o las Cláusulas de Huelga del Instituto (LMA/IUA) u otras cláusulas similares.

El seguro deberá cubrir, como mínimo, el precio dispuesto en el contrato más un 10% (esto es, el 110%) y deberá concertarse en la moneda del contrato.

El seguro deberá cubrir la mercancía desde el punto de entrega fijado en A4 y A5 hasta, al menos, el lugar de destino designado.

El vendedor debe proporcionar al comprador la póliza de seguro u otra prueba de la cobertura del seguro.

Además, el vendedor debe proporcionar al comprador, a petición, riesgo y expensas (si las hay) de este último, la información que el comprador necesite para proporcionar cualquier seguro adicional.

A4 Entrega	**B4 Recepción**
El vendedor debe entregar la mercancía poniéndola en poder del porteador contratado de acuerdo con A3 en la fecha acordada o dentro del plazo acordado.	El comprador debe proceder a la recepción de la mercancía cuando se haya entregado como se prevé en A4 y recibirla del porteador en el lugar de destino designado.
A5 Transmisión de riesgos	**B5 Transmisión de riesgos**
El vendedor corre con todos los riesgos de pérdida o daño causados a la mercancía hasta que se haya entregado de acuerdo con A4, con la excepción de la pérdida o daño causados en las circunstancias descritas en B5.	El comprador corre con todos los riesgos de pérdida o daño causados a la mercancía desde el momento en que se haya entregado como se prevé en A4. Si el comprador no da aviso de acuerdo con B7, debe correr con todos los riesgos de pérdida o daño causados a la mercancía desde la fecha acordada o la fecha de expiración del plazo acordado para la entrega, siempre que la mercancía se haya identificado claramente como la mercancía objeto del contrato.
A6 Reparto de costos	**B6 Reporte de costos**
El vendedor debe pagar	

a) todos los costos relativos a la mercancía hasta que se haya entregado de acuerdo con A4, diferentes de los pagaderos por el comprador como se prevé en B6; b) el flete y todos los otros costos resultantes de A3 a), incluyendo los de cargar la mercancía y cualquier gasto de descarga en el lugar de destino que fueran por cuenta del vendedor según el contrato de transporte; c) los costos del seguro resultantes de A3 b); y d) cuando sea aplicable, los costos de los trámites aduaneros necesarios para la exportación, así como todos los derechos, impuestos y demás gastos pagaderos en la exportación, y los costos de su transporte a través de cualquier país que fueran por cuenta del vendedor según el contrato de transporte.	El comprador debe, con sujeción a las disposiciones de A3 a), pagar a) todos los costos relativos a la mercancía desde el momento en que se haya entregado como se prevé en A4, excepto, cuando sea aplicable, los costos de los trámites aduaneros necesarios para la exportación, así como todos los derechos, impuestos y demás gastos pagaderos en la exportación como se refieren en A6 d); b) todos los costos y gastos relativos a la mercancía mientras está en tránsito hasta su llegada al lugar de destino acordado, salvo que tales costos y gastos fueran por cuenta del vendedor según el contrato de transporte; c) los costos de descarga, salvo que tales costos fueran por cuenta del vendedor según el contrato de transporte; d) cualquier costo adicional contraído si no da aviso de acuerdo con B7, desde la fecha acordada o la fecha de expiración del plazo acordado para la expedición, siempre que la mercancía se haya identificado claramente como la mercancía del contrato; e) cuando sea aplicable, todos los derechos, impuestos y demás gastos así como los costos de llevar a cabo los trámites aduaneros pagaderos en la importación de la mercancía y los costos de su transporte a través de cualquier país, salvo que estén incluidos en el costo del contrato de transporte; y f) los costos de cualquier seguro adicional proporcionado a petición del comprador según A3 y B3.
A7 Notificaciones al comprador El vendedor debe notificar al comprador que la mercancía se ha entregado de acuerdo con A4. El vendedor debe dar al comprador todo aviso necesario para permitir al comprador adoptar las medidas normalmente necesarias que permiten a este último hacerse cargo de la mercancía.	**B7 Notificaciones al vendedor** El comprador debe, siempre que tenga derecho a determinar el momento de expedición de la mercancía y/o el lugar de destino designado o el punto de recepción de la mercancía en dicho lugar, dar aviso suficiente de ello al vendedor.

A8 Documento de entrega	B8 Prueba de la entrega
Si es costumbre o a petición del comprador, el vendedor debe proporcionar al comprador, a expensas del vendedor, el documento o documentos de transporte usuales para el transporte contratado de acuerdo con A3. Este documento de transporte debe cubrir la mercancía del contrato y estar fechado dentro del plazo acordado para el embarque. Si así se acuerda o es la costumbre, el documento también debe permitir que el comprador reclame la mercancía al porteador en el lugar de destino designado y debe permitir al comprador que venda la mercancía en tránsito mediante la transferencia del documento a un comprador posterior o mediante notificación al porteador. Cuando tal documento de transporte se emite en forma negociable y en varios originales, debe presentarse un juego completo de originales al comprador.	El comprador debe aceptar el documento de transporte proporcionado como se prevé en A8 si está en conformidad con el contrato.
A9 Comprobación - embalaje – marcado	B9 Inspección de la mercancía
El vendedor debe pagar los costos de las operaciones de verificación (tales como la comprobación de la calidad, medidas, pesos o recuentos) necesarias al objeto de entrega la mercancía de acuerdo con A4, así como los costos de cualquier inspección previa al embarque ordenada por las autoridades del país de exportación. El vendedor debe, a sus propias expensas, embalar la mercancía, a menos que sea usual para ese comercio en particular el transportar sin embalar el tipo de mercancía vendida. El vendedor puede embalar la mercancía de la manera apropiada para su transporte, a menos que el comprador le haya notificado requisitos específicos de embalaje antes de que haya concluido el contrato de	El comprador debe pagar los costos de cualquier inspección obligatoria previa al embarque, excepto cuando dicha inspección sea ordenada por las autoridades del país de exportación.

compraventa. El embalaje ha de marcarse adecuadamente.	
A10 Ayuda con la información y costos relacionados	**B10 Ayuda con la información y costos relacionados**
El vendedor debe, cuando sea aplicable, en el momento oportuno, proporcionar o prestar ayuda para obtener para el comprador, a petición, riesgo y expensas de este último, cualquier documento e información, incluyendo la información relacionada con la seguridad, que necesite el comprador para la importación de la mercancía y/o para su transporte hasta el destino final. El vendedor debe reembolsar al comprador todos los costos y gastos en que este último haya incurrido al proporcionar o prestar ayuda para obtener documentos e información como se prevé en B10.	El comprador debe avisar al vendedor, en el momento oportuno, de cualquier requisito de información sobre seguridad de manera que el vendedor pueda cumplir con A10. El comprador debe reembolsar al vendedor todos los costos y gastos en que este último haya incurrido al proporcionar o prestar ayuda para obtener documentos e información como se prevé en A10. El comprador debe, cuando sea aplicable, en el momento oportuno, proporcionar o prestar ayuda para obtener para el vendedor, a petición, riesgo y expensas de este último, cualquier documento e información, incluyendo la información relacionada con la seguridad, que el vendedor necesite para el transporte y exportación de la mercancía y para su transporte a través de cualquier país.

6.9. **Incoterms: DAT** *Delivered At Terminal* / **Entregado en Terminal**
Grupo: 4 " D " Llegada

Lugar de entrega	Documentos comerciales y trámites a cargo del exportador	Lugar de transmisión de riesgo	Reparto de costos logísticos
Entregado en Aduana de llegada, descargado en terminal de puerto/aeropuerto	• Factura comercial • Lista de empaque • Pedimento de exportación • Pago de despacho aduanero (Impuestos, Agente de aduanas, maniobras de exportación). • Maniobras de carga al transporte principal. • Contratar y pagar el transporte principal. • Póliza de seguro opcional.	Al momento de que la mercancía es entregada a la terminal.	El exportador soporta todos los gastos hasta la aduana de llegada del país de importación, incluida la descarga del medio de transporte principal. El importador soporta todos los gastos desde que la mercancía ha sido entregada a la terminal.

Grafico no. 9
Cadena logística Internacional

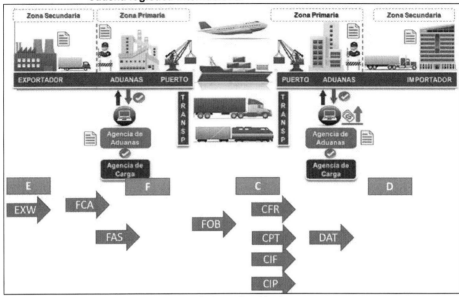

Fuente. Elaboración propia con datos de investigación. Imagen tomada de http://www.casasauza.com/procesos-tequila-sauza/la-logistical-negocio-tequila

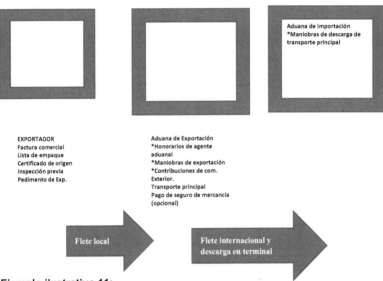

Aduana de Importación
*Maniobras de descarga de transporte principal

EXPORTADOR
Factura comercial
Lista de empaque
Certificado de origen
Inspección previa
Pedimento de Exp.

Aduana de Exportación
*Honorarios de agente aduanal
*Maniobras de exportación
*Contribuciones de com. Exterior.
Transporte principal
Pago de seguro de mercancía (opcional)

Flete local

Flete internacional y descarga en terminal

Ejemplo ilustrativo 11:
Valor mercancía ExW. 100.00 Usd
Flete local: 10.00 Usd
Honorarios de Agente Aduanal de Exportación: 3.00 Usd
Maniobras de exportación: 4.00 Usd
Contribuciones de comercio exterior a la exportación: 1.50 Usd
Transporte principal: 15.00 Usd
Maniobras de descarga en terminal: 4.00
Precio DAT = 137.50 Usd

104

Modo de transporte. Esta regla puede utilizarse con independencia del modo de transporte seleccionado y también puede usarse cuando se emplea más de un modo de transporte.

Lugar de Entrega/Recepción de la mercancía. "Entregada en Terminal" significa que la empresa vendedora realiza la entrega cuando la mercancía, una vez descargada del medio de transporte de llegada, se pone a disposición de la empresa compradora en la terminal designada en el puerto o lugar de destino designados. "Terminal" incluye cualquier lugar, cubierto o no, como un muelle, almacén, estación de contenedores o terminal de carretera, ferroviaria o aérea. La empresa vendedora corre con todos los riesgos que implica llevar la mercancía hasta la terminal en el puerto o en el lugar de destino designados y descargarla allí.

Carga en medio de transporte. La mercancía se entrega descargada del medio de transporte que ha contratado el vendedor para llevarla hasta el puerto o lugar de destino. Por tanto, todos los costos y riesgos de la descarga de la mercancía en la terminal del puerto o lugar de destino son por cuenta del vendedor.

Transmisión del riesgo. Es muy recomendable que las partes especifiquen tan claramente como sea posible la terminal y, si cabe, un punto específico de la terminal en el puerto o lugar de destino acordado, puesto que los riesgos hasta dicho punto corren por cuenta del vendedor. Se recomienda al vendedor que proporcione un contrato de transporte que se ajuste con precisión a esta elección.

Documentos de entrega. El vendedor debe proporcionar los documentos comerciales para que el comprador pueda realizar el despacho de importación: facturas comerciales, listas de empaque, certificados de origen, certificados de inspección, conocimiento de embarque y demás documentos que el importador requiera para llevar a efectos la importación en el país de destino.

Despacho de exportación/Importación. DAT exige que el vendedor despache la mercancía para la exportación, cuando sea aplicable. Sin embargo, el vendedor no tiene ninguna obligación de despacharla para la importación, pagar ningún derecho de importación o llevar a cabo ningún trámite aduanero de importación.

Contratación del seguro de transporte. Bajo este Incoterms no están obligados ni el comprador ni el vendedor a contratar un seguro del transporte principal, sin embargo, si el comprador así lo desea, el vendedor deberá proporcionarle todos los datos suficientes para que éste pueda realizar sin problemas la contratación del mismo.

Notas. Además, si la intención de las partes es que la empresa vendedora corra con los riesgos y costos que implica transportar y manipular la mercancía desde la terminal hasta otro lugar, deberían utilizarse las reglas DAP o DDP.

Ventajas de utilizar DAT

Para el vendedor	Para el comprador
Tener el control de la entrega de la mercancía hasta el punto acordado.	No correr riesgos de la entrega de la mercancía hasta el punto acordado de entrega.
Poder presentar ofertas logísticas más integrales como	Recibir ofertas más atractivas que le garanticen la

una ventaja competitiva frente a la competencia.

disponibilidad de las mercancías en su país de destino.

Desventajas de utilizar DAT

Para el vendedor	Para el comprador
Mayores riesgos de pérdida, daño, etc. en tiempo de tránsito de las mercancías. Tiempos de cobranza más largos si la forma de pago es contra entrega física de la mercancía o contra entrega de documentos si es crédito documentario.	No tener el control ni la posesión de las mercancías hasta que arriben a destino.

Notas de orientación: Obligaciones generales del vendedor VS Comprador

A OBLIGACIONES DE LA EMPRESA VENDEDORA	B OBLIGACIONES DE LA EMPRESA COMPRADORA
A1 Obligaciones generales del vendedor El vendedor debe suministrar la mercancía y la factura comercial de conformidad con el contrato de compraventa y cualquier otra prueba de conformidad que pueda exigir el contrato. Cualquier documento al que se haga referencia en A1-A10 puede ser un documento o procedimiento electrónico equivalente si así se acuerda entre las partes o si es habitual.	**B1 Obligaciones generales del comprador** El comprador debe pagar el precio de la mercancía según lo dispuesto en el contrato de compraventa. Cualquier documento al que se haga referencia en B1-B10 puede ser un documento o procedimiento electrónico equivalente si así se acuerda entre las partes o si es habitual.
A2 Licencias, autorizaciones, acreditaciones de seguridad y otras formalidades Cuando sea aplicable, el vendedor debe obtener, a su propio riesgo y expensas, cualquier licencia de exportación y otra autorización oficial y llevar a cabo todos los trámites aduaneros necesarios para la exportación de la mercancía y para su transporte a través de cualquier país antes de la entrega.	**B2 Licencias, autorizaciones, acreditaciones de seguridad y otras formalidades** Cuando sea aplicable, el comprador debe obtener, a su propio riesgo y expensas, cualquier licencia de importación u otra autorización oficial y llevar a cabo todos los trámites aduaneros para la importación de la mercancía.
A3 Contratos de transporte y seguro a) Contrato de transporte El vendedor debe contratar a sus propias expensas el transporte de la mercancía hasta la terminal designada en el puerto o lugar de destino acordado. Si no se	**B3 Contratos de transporte y seguro** a) Contrato de transporte El comprador no tiene ninguna obligación ante el vendedor de formalizar un contrato de transporte.

acuerda una terminal específica o no lo determina la práctica, el vendedor puede elegir la terminal en el puerto o lugar de destino acordado que mejor le convenga.

b) Contrato de seguro El vendedor no tiene ninguna obligación ante el comprador de formalizar un contrato de seguro. Sin embargo, el vendedor debe proporcionar al comprador, a petición, riesgo y expensas (si las hay) de este último, la información que el comprador necesite para obtener el seguro.

b) Contrato de seguro El comprador no tiene ninguna obligación ante el vendedor de formalizar un contrato de seguro. Sin embargo, el comprador debe proporcionar al vendedor, si se le pide, la información necesaria para obtener el seguro.

A4 Entrega

El vendedor debe descargar la mercancía de los medios de transporte de llegada y entonces debe entregarla poniéndola a disposición del comprador en la terminal designada a la que se hace referencia en A3 a) en el puerto o lugar de destino en la fecha acordada o dentro del plazo acordado.

B4 Recepción

EL comprador debe proceder a la recepción de la mercancía cuando se haya entregado como se prevé en A4.

A5 Transmisión de riesgos

El vendedor corre con todos los riesgos de pérdida o daño causados a la mercancía hasta que se haya entregado de acuerdo con A4 con la excepción de la pérdida o daño causados en las circunstancias descritas en B5.

B5 Transmisión de riesgo

El comprador corre con todos los riesgos de pérdida o daño causados a la mercancía desde el momento en que se haya entregado como se prevé en A4.

Si

a) el comprador incumple sus obligaciones de acuerdo con B2, entonces corre con todos los riesgos resultantes de la pérdida o daño causados a la mercancía; o

b) el comprador no da aviso de acuerdo con B7; entonces corre con todos los riesgos de pérdida o daño causados a la mercancía desde la fecha acordada o la fecha de expiración del plazo acordado para la entrega, siempre que la mercancía se haya identificado claramente como la mercancía objeto del contrato.

A6 Reparto de costos

El vendedor debe pagar a) además de los costos resultantes de A3 a), todos los costos relativos a la mercancía hasta que se haya entregado de

B6 Reparto de costos

El comprador debe pagar a) todos los costos relativos a la mercancía desde el momento en que se haya entregado como se prevé en A4;

acuerdo con A4, diferentes de los pagaderos por el comprador como se prevé en B6; y b) cuando sea aplicable, los costos de los trámites aduaneros necesarios para la exportación, así como todos los derechos, impuestos y demás gastos pagaderos en la exportación y los costos de su transporte a través de cualquier país, antes de la entrega de acuerdo con A4.	b) cualquier costo adicional contraído por el vendedor si el comprador incumple sus obligaciones de acuerdo con B2, o no da aviso de acuerdo con B7, siempre que la mercancía se haya identificado claramente como la mercancía del contrato; y c) cuando sea aplicable, los costos de los trámites aduaneros, así como todos los derechos, impuestos y demás gastos pagaderos en la importación de la mercancía.
A7 Notificaciones al comprador El vendedor debe dar al comprador todo aviso necesario para permitir al comprador adoptar las medidas normalmente necesarias que permitan a este último proceder a la recepción de la mercancía.	**B7 Notificaciones al vendedor** El comprador debe, siempre que tenga derecho a determinar el momento dentro de un plazo acordado y/o el punto para proceder a la recepción de la mercancía en la terminal designada, dar aviso suficiente de ello al vendedor.
A8 Documento de entrega El vendedor debe proporcionar al comprador, a expensas del vendedor, el documento que permita al comprador proceder a la recepción de la mercancía como se prevé en A4/B4.	**B8 Prueba de la entrega** El comprador debe aceptar el documento de entrega proporcionado como se prevé en A8.
A9 Comprobación - embalaje – marcado El vendedor debe pagar los costos de las operaciones de verificación (tales como la comprobación de la calidad, medidas, pesos o recuentos) necesarias al objeto de entrega la mercancía de acuerdo con A4, así como los costos de cualquier inspección previa al embarque ordenada por las autoridades del país de exportación. El vendedor debe, a sus propias expensas, embalar la mercancía a menos que sea usual para ese comercio en particular el transportar sin embalar el tipo de mercancía vendida. El vendedor puede embalar la mercancía de la manera apropiada para su transporte, a menos que el comprador le haya notificado requisitos específicos de embalaje antes de que haya concluido el contrato de	**B9 Inspección de la mercancía** El comprador debe pagar los costos de cualquier inspección obligatoria previa al embarque, excepto cuando dicha inspección sea ordenada por las autoridades del país de exportación.

compraventa. El embalaje ha de marcarse adecuadamente.

A10 Ayuda con la información y costos relacionados	B10 Ayuda con la información y costos relacionados
El vendedor debe, cuando sea aplicable, en el momento oportuno, proporcionar o prestar ayuda para obtener para el comprador, a petición, riesgo y expensas de este último, cualquier documento e información, incluyendo la información relacionada con la seguridad, que necesite el comprador para la importación de la mercancía y/o para su transporte hasta el destino final. El vendedor debe reembolsar al comprador todos los costos y gastos en que este último haya incurrido al proporcionar o prestar ayuda para obtener documentos e información como se prevé en B10.	El comprador debe avisar al vendedor, en el momento oportuno, de cualquier requisito de información sobre seguridad de manera que el vendedor pueda cumplir con A10. El comprador debe reembolsar al vendedor todos los costos y gastos en que este último haya incurrido al proporcionar o prestar ayuda para obtener documentos e información como se prevé en A10. El comprador debe, cuando sea aplicable, en el momento oportuno, proporcionar o prestar ayuda para obtener para el vendedor, a petición, riesgo y expensas de este último, cualquier documento e información, incluyendo la información relacionada con la seguridad, que el vendedor necesite para el transporte y exportación de la mercancía y para su transporte a través de cualquier país.

6.10. Incoterms: DAP *Delivered At Place* / Entregado en lugar
Grupo: 4 " D " Llegada

Lugar de entrega	Documentos comerciales y trámites a cargo del exportador	Lugar de transmisión de riesgo	Reparto de costos logísticos
Entregado en las instalaciones del importador (bodega, planta, etc.)	• Factura comercial • Lista de empaque • Pedimento de exportación • Pago de despacho aduanero (Impuestos, Agente de aduanas, maniobras de exportación). • Maniobras de carga al transporte principal. • Contratar y pagar el transporte principal. • Póliza de seguro opcional. • Contratar y pagar el transporte local en el país del importador.	Al momento de que la mercancía es entregada al importador. Servicio puerta-puerta, todo incluido excepto las formalidades aduaneras de importación: Despacho aduanero, honorarios del agente de aduanas, maniobras de importación, contribuciones de comercio exterior, y otros que pudieran generarse.	El exportador soporta todos los gastos hasta la entrega de las mercancías exportadas. El importador solo se encarga de las formalidades aduaneras a la importación, pagar los impuestos de comercio exterior, contratar al agente de aduanas, pagar las maniobras a la importación y otros que pudieran generarse.

110

Grafico no. 10
Cadena logística Internacional

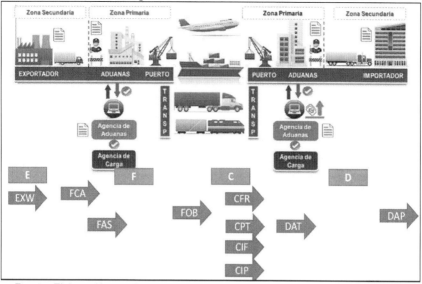

Fuente. Elaboración propia con datos de investigación. Imagen tomada de http://www.casasauza.com/procesos-tequila-sauza/la-logistical-negocio-tequila

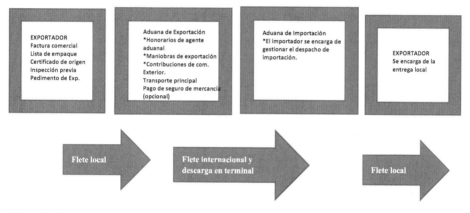

Ejemplo ilustrativo 12:
Valor mercancía ExW. 100.00 Usd
Flete local: 10.00 Usd
Honorarios de Agente Aduanal de Exportación: 3.00 Usd
Maniobras de exportación: 4.00 Usd
Contribuciones de comercio exterior a la exportación: 1.50 Usd
Transporte principal: 15.00 Usd
Flete local en el país de importación: 10.00 Usd
Precio DAP = 143.50 Usd

Modo de transporte. Esta regla puede utilizarse con independencia del modo de transporte seleccionado y también puede usarse cuando se emplea más de un modo de transporte.

Lugar de Entrega/Recepción de la mercancía. "Entrega en Lugar" significa que la empresa vendedora realiza la entrega cuando la

111

mercancía se pone a disposición de la compradora en el medio de transporte de llegada preparada para la descarga en el lugar de destino designado. La empresa vendedora corre con todos los riesgos que implica llevar la mercancía hasta el lugar designado.

Carga en medio de transporte. La mercancía se entrega preparada para descargarse del medio de transporte contratado por el vendedor que la ha transportado hasta en lugar de destino. Por tanto, todos los costos y riesgos de la descarga de la mercancía en lugar de destino son por cuenta del comprador.

Si en el contrato de transporte los costos de la descarga son por cuenta del vendedor, éste no podrá reclamar al comprador su devolución, salvo que ambas partes así lo acuerden.

Transmisión del riesgo. Es muy recomendable que las partes especifiquen tan claramente como sea posible el punto en el lugar de destino acordado, puesto que los riesgos hasta dicho punto son por cuenta del vendedor. Se recomienda al vendedor que proporcione contratos de transporte que se ajusten con precisión a esta elección. Si el vendedor incurre en costos según el contrato de transporte que estén relacionados con la descarga en el lugar de destino, no tiene derecho a recuperarlos del comprador a menos que las partes lo acuerden de otro modo.

Documentos de entrega. El vendedor debe proporcionar los documentos comerciales para que el comprador pueda realizar el despacho de importación: facturas comerciales, listas de empaque, certificados de origen, certificados de inspección, conocimiento de embarque y demás documentos que el importador requiera para llevar a efectos la importación en el país de destino.

Despacho de exportación/Importación. DAP exige que el vendedor despache la mercancía para la exportación, cuando sea aplicable. Sin embargo, el vendedor no tiene ninguna obligación de despacharla para la importación, pagar ningún derecho de importación o llevar a cabo ningún trámite aduanero de importación.

Contratación del seguro de transporte. Bajo este Incoterms no están obligados ni el comprador ni el vendedor a contratar un seguro del transporte principal, sin embargo, siendo responsabilidad la entrega puerta-puerta de la mercancía, lo más recomendable es que el vendedor contrate un seguro de transporte para mitigar los riesgos.

Notas. Si las partes desean que el vendedor despache la mercancía para la importación, pague cualquier derecho de importación o lleve a cabo cualquier trámite aduanero de importación, debería utilizarse el término DDP.

Ventajas de utilizar DAP

Para el vendedor	Para el comprador
Tener el control de la entrega de la mercancía hasta el punto acordado	No correr riesgos de la entrega de la mercancía hasta el punto acordado de entrega.
Poder presentar ofertas logísticas más integrales como una ventaja competitiva frente a la competencia	Recibir ofertas más atractivas que le garanticen la disponibilidad de las mercancías en su país de destino.
No realizar el despacho de importación ni cumplir con las regulaciones arancelarias y no	Poder despachar las mercancías en importación y

arancelarias en el país de destino.

cumplir con las obligaciones fiscales del país del comprador.

Desventajas de utilizar DAP

Para el vendedor	Para el comprador
Al ser un servicio puerta-puerta, se está más expuesto a robos, extravíos, mermas, etc., por el tiempo de tránsito implícito.	No tener el control ni la posesión de las mercancías hasta que arriben a destino.
No tener control en los tiempos de despacho en la aduana de llegada, lo que le puede ocasionar tiempos de entrega más largo.	Muchas veces no se cuenta con los permisos de importación, lo que no le permite el despacho de importación de las mercancías.

Notas de orientación: Obligaciones generales del vendedor VS Comprador

A OBLIGACIONES DE LA EMPRESA VENDEDORA	B OBLIGACIONES DE LA EMPRESA COMPRADORA
A1 Obligaciones generales del vendedor El vendedor debe suministrar la mercancía y la factura comercial de conformidad con el contrato de compraventa y cualquier otra prueba de conformidad que pueda exigir el contrato. Cualquier documento al que se haga referencia en A1-A10 puede ser un documento o procedimiento electrónico equivalente si así se acuerda entre las partes o si es habitual.	**B1 Obligaciones generales del comprador** El comprador debe pagar el precio de la mercancía según lo dispuesto en el contrato de compraventa. Cualquier documento al que se haga referencia en B1-B10 puede ser un documento o procedimiento electrónico equivalente si así se acuerda entre las partes o si es habitual.
A2 Licencias, autorizaciones, acreditaciones de seguridad y otras formalidades Cuando sea aplicable, el vendedor debe obtener, a su propio riesgo y expensas, cualquier licencia de exportación y otra autorización oficial y llevar a cabo todos los trámites aduaneros necesarios para la exportación de la mercancía y para su transporte a través de cualquier país antes de la entrega.	**B2 Licencias, autorizaciones, acreditaciones de seguridad y otras formalidades** Cuando sea aplicable, el comprador debe obtener, a su propio riesgo y expensas, cualquier licencia de importación u otra autorización oficial y llevar a cabo todos los trámites aduaneros para la importación de la mercancía.
A3 Contratos de transporte y seguro a) Contrato de transporte El vendedor debe contratar a sus propias expensas el transporte de la mercancía hasta el lugar de destino designado o hasta el punto acordado, si lo hay, en el	**B3 Contratos de transporte y seguro** a) Contrato de transporte El comprador no tiene ninguna obligación ante el vendedor de formalizar un contrato de transporte.

lugar de destino designado. Si no se acuerda un punto específico o si no lo determina la práctica el vendedor puede elegir el punto en el lugar de destino designado que mejor le convenga. b) Contrato de seguro El vendedor no tiene ninguna obligación ante el comprador de formalizar un contrato de seguro. Sin embargo, el vendedor debe proporcionar al comprador, a petición, riesgo y expensas (si las hay) de este último, la información que el comprador necesite para obtener el seguro.	b) Contrato de seguro El comprador no tiene ninguna obligación ante el vendedor de formalizar un contrato de seguro. Sin embargo, el comprador debe proporcionar al vendedor, si se le pide, la información necesaria para obtener el seguro.
A4 Entrega El vendedor debe entregar la mercancía poniéndola a disposición del comprador en los medios de transporte de llegada preparada para la descarga en el punto acordado, si lo hay, en el lugar de destino designado en la fecha acordada o dentro del plazo acordado.	**B4 Recepción** El comprador debe proceder a la recepción de la mercancía cuando se haya entregado como se prevé en A4.
A5 Transmisión de riesgos El vendedor corre con todos los riesgos de pérdida o daño causados a la mercancía hasta que se haya entregado de acuerdo con A4, con la excepción de la pérdida o daño causados en las circunstancias descritas en B5.	**B5 Transmisión de riesgos** El comprador corre con todos los riesgos de pérdida o daño causados a la mercancía desde el momento en que se haya entregado como se prevé en A4. Si a) el comprador incumple sus obligaciones de acuerdo con B2, entonces corre con todos los riesgos resultantes de la pérdida o daño causados a la mercancía; o b) el comprador no da aviso de acuerdo con B7; entonces corre con todos los riesgos de pérdida o daño causados a la mercancía desde la fecha acordada o la fecha de expiración del plazo acordado para la entrega, siempre que la mercancía se haya identificado claramente como la mercancía objeto del contrato.
A6 Reparto de costos El vendedor debe pagar a) además de los costos resultantes de A3 a), todos los costos relativos a la mercancía hasta que se haya entregado de acuerdo con A4, diferentes de los	**B6 Reparto de costos** El comprador debe pagar a) todos los costos relativos a la mercancía desde el momento en que se haya entregado como se prevé en A4;

pagaderos por el comprador como se prevé en B6; b) cualquier gasto de descarga en el lugar de destino que fuera por cuenta del vendedor según el contrato de transporte; y c) cuando sea aplicable, los costos de los trámites aduaneros necesarios para la exportación, así como todos los derechos, impuestos y demás gastos pagaderos en la exportación y los costos de su transporte a través de cualquier país, antes de la entrega de acuerdo con A4.	b) todos los costos de descarga necesarios para proceder a la recepción de la mercancía desde los medios de transporte de llegada en el lugar de destino designado, salvo que tales costos fueran por cuenta del vendedor según el contrato de transporte; c) cualquier costo adicional contraído por el vendedor si el comprador incumple sus obligaciones de acuerdo con B2, o no da aviso de acuerdo con B7, siempre que la mercancía se haya identificado claramente como la mercancía del contrato; y d) cuando sea aplicable, los costos de los trámites aduaneros, así como todos los derechos, impuestos y demás gastos pagaderos en la importación de la mercancía.
A7 Notificaciones al comprador El vendedor debe dar al comprador todo aviso necesario para permitir al comprador adoptar las medidas normalmente necesarias que permitan a este último proceder a la recepción de la mercancía.	**B7 Notificaciones al vendedor** El comprador debe, siempre que tenga derecho a determinar el momento dentro de un plazo acordado y/o el punto para proceder a la recepción de la mercancía en el lugar de destino designado, dar aviso suficiente de ello al vendedor.
A8 Documento de entrega El vendedor debe proporcionar al comprador, a expensas del vendedor, el documento que permita al comprador proceder a la recepción de la mercancía como se prevé en A4/B4.	**B8 Prueba de la entrega** El comprador debe aceptar el documento de entrega proporcionado como se prevé en A8.
A9 Comprobación - embalaje – marcado El vendedor debe pagar los costos de las operaciones de verificación (tales como la comprobación de la calidad, medidas, pesos o recuentos) necesarias al objeto de entregar la mercancía de acuerdo con A4, así como los costos de cualquier inspección previa al embarque ordenada por las autoridades del país de exportación. El vendedor debe, a sus propias expensas, embalar la mercancía, a menos que sea usual para ese comercio en particular el transportar sin embalar el tipo de mercancía vendida. El vendedor	**B9 Inspección de la mercancía** El comprador debe pagar los costos de cualquier inspección obligatoria previa al embarque, excepto cuando dicha inspección sea ordenada por las autoridades del país de exportación.

puede embalar la mercancía de la manera apropiada para su transporte, a menos que el comprador le haya notificado requisitos específicos de embalaje antes de que haya concluido el contrato de compraventa. El embalaje ha de marcarse adecuadamente.	
A10 Ayuda con la información y costos relacionados	**B10 Ayuda con la información y costos relacionados**
El vendedor debe, cuando sea aplicable, en el momento oportuno, proporcionar o prestar ayuda para obtener para el comprador, a petición, riesgo y expensas de este último, cualquier documento e información, incluyendo la información relacionada con la seguridad, que necesite el comprador para la importación de la mercancía y/o para su transporte hasta el destino final.	El comprador debe avisar al vendedor, en el momento oportuno, de cualquier requisito de información sobre seguridad de manera que el vendedor pueda cumplir con A10.
El vendedor debe reembolsar al comprador todos los costos y gastos en que este último haya incurrido al proporcionar o prestar ayuda para obtener documentos e información como se prevé en B10.	El comprador debe reembolsar al vendedor todos los costos y gastos en que este último haya incurrido al proporcionar o prestar ayuda para obtener documentos e información como se prevé en A10.
	El comprador debe, cuando sea aplicable, en el momento oportuno, proporcionar o prestar ayuda para obtener para el vendedor, a petición, riesgo y expensas de este último, cualquier documento e información, incluyendo la información relacionada con la seguridad, que el vendedor necesite para el transporte y exportación de la mercancía y para su transporte a través de cualquier país.

6.11. Incoterms: DDP *Delivered Duty Paid* / Entrega con Derechos Pagados Grupo: 4 " D " Llegada

Lugar de entrega	Documentos comerciales y trámites a cargo del exportador	Lugar de transmisión de riesgo	Reparto de costos logísticos
Entregado en las instalaciones del importador (bodega, planta, etc.)	• Factura comercial • Lista de empaque • Pedimento de exportación • Pago de despacho aduanero (Impuestos, Agente	Al momento de que la mercancía es entregada al importador. Servicio puerta-puerta, todo	El exportador soporta todos los gastos hasta la entrega de las mercancías exportadas.

de aduanas, maniobras de exportación). • Maniobras de carga al transporte principal. • Contratar y pagar el transporte principal. • Póliza de seguro opcional. • Contratar y gestionar el despacho aduanero de importación (Impuestos de importación, Agente de aduanas, maniobras de importación, etc.) • Contratar y pagar el transporte local en el país del importador.	incluido hasta el lugar indicado por el importador.	El importador solo se encarga de pagar el importe o costo de las mercancías.

Grafico no. 11
Cadena logística Internacional

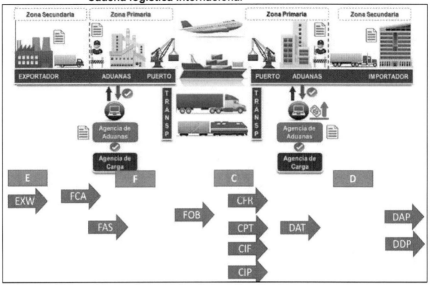

Fuente. Elaboración propia con datos de investigación. Imagen
tomada de http://www.casasauza.com/procesos-tequila-sauza/la-
logistical-negocio-tequila

Ejemplo ilustrativo 13:
Valor mercancía ExW. 100.00 Usd
Flete local: 10.00 Usd
Honorarios de Agente Aduanal de Exportación: 3.00 Usd
Maniobras de exportación: 4.00 Usd
Contribuciones de comercio exterior a la exportación: 1.50 Usd
Transporte principal: 15.00 Usd
Honoraros de Agente Aduanal de Importación: 3.00 Usd
Maniobras a de importación: 4.00 Usd
Contribuciones de comercio exterior a la importación: 5.50 Usd
Flete local en el país de importación: 10.00 Usd
Precio DDP = 156.00 Usd

Modo de transporte. Esta regla puede utilizarse con independencia
del modo de transporte seleccionado y también puede usarse cuando
se emplea más de un modo de transporte.

118

Lugar de Entrega/Recepción de la mercancía. "Entrega en Lugar" significa que la empresa vendedora realiza la entrega cuando la mercancía se pone a disposición de la compradora en el medio de transporte de llegada preparada para la descarga en el lugar de destino designado. La empresa vendedora corre con todos los riesgos que implica llevar la mercancía hasta el lugar designado.

Carga en medio de transporte. La mercancía se entrega preparada para descargarse del medio de transporte contratado por el vendedor que la ha transportado hasta en lugar de destino. Por tanto, todos los costos y riesgos de la descarga de la mercancía en lugar de destino son por cuenta del comprador.

Si en el contrato de transporte los costos de la descarga son por cuenta del vendedor, éste no podrá reclamar al comprador su devolución, salvo que ambas partes así lo acuerden.

Transmisión del riesgo. "Entregada Derechos Pagados" significa que la empresa vendedora entrega la mercancía cuando ésta se pone a disposición de la compradora, despachada para la importación en los medios de transporte de llegada, preparada para la descarga en el lugar de destino designado. Es muy recomendable que las partes especifiquen tan claramente como sea posible el punto en el lugar de destino acordado, puesto que los costos y riesgos hasta dicho punto son por cuenta del vendedor. Se recomienda al vendedor que proporcione contratos de transporte que se ajusten con precisión a esta elección. Si el vendedor incurre en costos según el contrato de transporte que estén relacionados con la descarga en el lugar de destino, no tiene derecho a recuperarlos del comprador a menos que las partes lo acuerden de otro modo.

Documentos de entrega. El vendedor debe entregar al comprador un documento que le permita proceder a la recepción de la mercancía en el lugar de destino. Normalmente ese documento será un acuse de entrega o prueba de entrega (*Prove of delivery* -POD-) del transportista del vendedor que deberá ser firmado por el propio comprador (si la mercancía se entrega en sus instalaciones) o por el transportista del comprador (si la mercancía se entrega en otro punto del país de destino).

Despacho de exportación/Importación. La empresa vendedora corre con todos los costos y riesgos que implica llevar la mercancía hasta el lugar de destino y tiene la obligación de despacharla, no sólo para la exportación, sino también para la importación, de pagar cualquier derecho de exportación e importación y de llevar a cabo todos los trámites aduaneros.

Contratación del seguro de transporte. Bajo este Incoterms no están obligados ni el comprador ni el vendedor a contratar un seguro del transporte principal, sin embargo, siendo responsabilidad la entrega puerta-puerta de la mercancía, lo más recomendable es que el vendedor contrate un seguro de transporte para mitigar los riesgos.

Notas. Se recomienda a las partes que no utilicen DDP si la empresa vendedora no puede, directa o indirectamente, conseguir el despacho de importación.

Si las partes desean que la empresa compradora corra con todos los riesgos y costos del despacho de importación, debería utilizarse la regla DAP.

El IVA o cualquier otro impuesto pagadero a la importación son por cuenta de la empresa vendedora a menos que expresamente se acuerde de otro modo en el contrato de compraventa.

Ventajas de utilizar DDP

Para el vendedor	Para el comprador
Tener el control de la entrega de la mercancía puerta-puerta.	No correr riesgos de la entrega de la mercancía hasta el punto acordado de entrega.
Poder presentar ofertas logísticas más integrales como una ventaja competitiva frente a la competencia	Recibir ofertas más atractivas que le garanticen la entrega sin riesgos hasta el país de destino.

Desventajas de utilizar DDP

Para el vendedor	Para el comprador
Al ser un servicio puerta-puerta, se está más expuesto a robos, extravíos, mermas, etc. Por el tiempo de tránsito implícito.	No tener el control ni la posesión de las mercancias hasta que arriben a destino.
Pagar las contribuciones de comercio exterior en el país de destino.	No poder acreditar los impuestos pagados.
Muchas veces no se cuenta con los permisos de importación, lo que no le permite o le dificulta el despacho de importación de las mercancías.	Si no recibe una factura de venta nacional, no podrá comprobar la legal estancia y tenencia de la mercancía en el país.

Notas de orientación: Obligaciones generales del vendedor VS Comprador

A OBLIGACIONES DE LA EMPRESA VENDEDORA	B OBLIGACIONES DE LA EMPRESA COMPRADORA
A1 Obligaciones generales del vendedor	**B1 Obligaciones generales del comprador**
El vendedor debe suministrar la mercancía y la factura comercial de conformidad con el contrato de compraventa y cualquier otra prueba de conformidad que pueda exigir el contrato. Cualquier documento al que se haga referencia en A1-A10 puede ser un documento o procedimiento electrónico equivalente si así se acuerda entre las partes o si es habitual.	El comprador debe pagar el precio de la mercancía según lo dispuesto en el contrato de compraventa. Cualquier documento al que se haga referencia en B1-B10 puede ser un documento o procedimiento electrónico equivalente si así se acuerda entre las partes o si es habitual.
A2 Licencias, autorizaciones, acreditaciones de seguridad y otras formalidades	**B2 Licencias, autorizaciones, acreditaciones de seguridad y otras formalidades**
Cuando sea aplicable, el vendedor debe obtener, a su propio riesgo y expensas, cualquier licencia de exportación e importación y otra autorización oficial y llevar a cabo todos los trámites aduaneros necesarios para la exportación de la mercancía, para su transporte a	Cuando sea aplicable, el comprador debe proporcionar ayuda al vendedor, a petición, riesgo y expensas del vendedor, para obtener cualquier licencia de importación u otra autorización oficial para la importación de la mercancía.

través de cualquier país y para su importación.

A3 Contratos de transporte y seguro	B3 Contratos de transporte y seguro
a) Contrato de transporte El vendedor debe contratar a sus propias expensas el transporte de la mercancía hasta el lugar de destino designado o hasta el punto acordado, si lo hay, en el lugar de destino designado. Si no se acuerda un punto específico o si no lo determina la práctica, el vendedor puede elegir el punto en el lugar de destino designado que mejor le convenga. b) Contrato de seguro El vendedor no tiene ninguna obligación ante el comprador de formalizar un contrato de seguro. Sin embargo, el vendedor debe proporcionar al comprador, a petición, riesgo y expensas (si las hay) de este último, la información que el comprador necesite para obtener el seguro.	a) Contrato de transporte El comprador no tiene ninguna obligación ante el vendedor de formalizar un contrato de transporte. b) Contrato de seguro El comprador no tiene ninguna obligación ante el vendedor de formalizar un contrato de seguro. Sin embargo, el comprador debe proporcionar al vendedor, si se le pide, la información necesaria para obtener el seguro.
A4 Entrega El vendedor debe entregar la mercancía poniéndola a disposición del comprador en los medios de transporte de llegada preparada para la descarga en el punto acordado, si lo hay, en el lugar de destino designado en la fecha acordada o dentro del plazo acordado.	B4 Recepción El comprador debe proceder a la recepción de la mercancía cuando se haya entregado como se prevé en A4.
A5 Transmisión de riesgos El vendedor corre con todos los riesgos de pérdida o daño causados a la mercancía hasta que se haya entregado de acuerdo con A4, con la excepción de la pérdida o daño causados en las circunstancias descritas en B5.	B5 Transmisión de riesgos El comprador corre con todos los riesgos de pérdida o daño causados a la mercancía desde el momento en que haya entregado como se prevé en A4. Si a) el comprador incumple sus obligaciones de acuerdo con B2, entonces corre con todos los riesgos resultantes de pérdida o daño causados a la mercancía; o b) el comprador no da aviso de acuerdo con B7, entonces corre con todos los riesgos de pérdida o daño causados a la mercancía desde la fecha acordada o la fecha de expiración del plazo acordado para la entrega, siempre que la mercancía se haya identificado claramente como la mercancía objeto del contrato.

A6 Reparto de costos	B6 Reparto de costos
El vendedor debe pagar a) además de los costos resultantes de A3 a), todos los costos relativos a la mercancía hasta que se haya entregado de acuerdo con A4, diferentes de los pagaderos por el comprador como se prevé en B6; b) cualquier gasto de descarga en el lugar de destino que fuera por cuenta del vendedor según el contrato de transporte; y c) cuando sea aplicable, los costos de los trámites aduaneros necesarios para la exportación y la importación así como todos los derechos, impuestos y demás gastos pagaderos en la exportación e importación de la mercancía, y los costos de su transporte a través de cualquier país antes de la entrega de acuerdo con A4.	El comprador debe pagar a) todos los costos relativos a la mercancía desde el momento en que se haya entregado como se prevé en A4; b) todos los costos de descarga necesarios para proceder a la recepción de la mercancía desde los medios de transporte de llegada en el lugar de destino designado, salvo que tales costos fueran por cuenta del vendedor según el contrato de transporte; y c) cualquier costo adicional contraído si incumple sus obligaciones de acuerdo con B2 o si no da aviso de acuerdo con B7, siempre que la mercancía se haya identificado claramente como la mercancía objeto del contrato.
A7 Notificaciones al comprador	**B7 Notificaciones al vendedor**
El vendedor debe dar al comprador todo aviso necesario para permitir al comprador adoptar las medidas normalmente necesarias que permitan a este último proceder a la recepción de la mercancía.	El comprador debe, siempre que tenga derecho a determinar el momento dentro de un plazo acordado y/o el punto para proceder a la recepción de la mercancía en el lugar de destino designado, dar aviso suficiente de ello al vendedor.
A8 Documento de entrega	**B8 Prueba de la entrega**
El vendedor debe proporcionar al comprador, a expensas del vendedor, el documento que permita al comprador proceder a la recepción de la mercancía como se prevé en A4/B4.	El comprador debe aceptar la prueba de la entrega proporcionada como se prevé en A8.
A9 Comprobación - embalaje – marcado	**B9 Inspección de la mercancía**
El vendedor debe pagar los costos de las operaciones de verificación (tales como la comprobación de la calidad, medidas, pesos o recuentos) necesarias al objeto de entrega la mercancía de acuerdo con A4, así como los costos de cualquier inspección previa al embarque ordenada por las autoridades del país de exportación o de importación. El vendedor debe, a sus propias expensas, embalar la mercancía, a menos que sea usual para ese comercio en particular el transportar sin embalar el tipo de	El comprador no tiene ninguna obligación ante el vendedor de pagar los costos de cualquier inspección obligatoria previa al embarque ordenada por las autoridades del país de exportación o de importación.

mercancía vendida. El vendedor puede embalar la mercancía de la manera apropiada para su transporte, a menos que el comprador le haya notificado requisitos específicos de embalaje antes de que haya concluido el contrato de compraventa. El embalaje ha de marcarse adecuadamente.	
A10 Ayuda con la información y costos relacionados	**B10 Ayuda con la información y costos relacionados**
El vendedor debe, cuando sea aplicable, en el momento oportuno, proporcionar o prestar ayuda para obtener para el comprador, a petición, riesgo y expensas de este último, cualquier documento e información, incluyendo la información relacionada con la seguridad, que necesite el comprador para el transporte de la mercancía hasta el destino final, cuando sea aplicable, desde el lugar de destino designado. El vendedor debe reembolsar al comprador todos los costos y gastos en que este último haya incurrido al proporcionar o prestar ayuda para obtener los documentos y la información como se prevé en B10.	El comprador debe avisar al vendedor, en el momento oportuno, de cualquier requisito de información sobre seguridad de manera que el vendedor pueda cumplir con A10. El comprador debe reembolsar al vendedor todos los costos y gastos en que este último haya incurrido al proporcionar o prestar ayuda para obtener documentos e información como se prevé en A10. El comprador debe, cuando sea aplicable, en el momento oportuno, proporcionar o prestar ayuda para obtener para el vendedor, a petición, riesgo y expensas de este último, cualquier documento e información, incluyendo la información relacionada con la seguridad, que el vendedor necesite para el transporte, exportación e importación de la mercancía y para su transporte a través de cualquier país.

VII. Consideraciones finales

La mejor forma de culminar la presente guía es aplicándola a la cuestión práctica. A continuación, revisaremos algunos ejercicios reales los cuales tratamos de simplificar de la mejor manera para que el empresario, ejecutivo, estudiante y quien tenga el presente documento en sus manos pueda comprender mejor el real uso de los Términos Internacionales de Comercio (Incoterms 2010).

Ya en ejercicios anteriores nos dimos una idea del verdadero funcionamiento de los Incoterms, es decir, pudimos comprender que no sólo sirven para delimitar obligaciones y responsabilidades entre compradores y vendedores, sino que nos permite también poder delimitar los costos logísticos en una operación comercial internacional, de esta manera, podemos determinar nuestros precios en una exportación, así como, los gastos a los que incurriremos en una compra internacional, lo que nos permitirá conocer si somos competitivos en el mercado al cual pretendemos ingresar.

A continuación, presentamos a forma de autoevaluación algunos ejercicios prácticos. Las respuestas vienen al final, trate de resolverlos primero, antes de revisar las respuestas. Tal vez usted tenga una respuesta diferente, por favor compártala con su servidor ya que por alguna razón hubo un error de mi parte y gracias a su ayuda podré corregir lgnacio.casas@mexiworld.com.mx.

Autoevaluación: preguntas de control

1. ¿Cuantos grupos de Incoterms existen?

2. ¿Cuáles son los Incoterms 2000 y cuáles desaparecieron?

3. ¿Cual es Incoterms que representa más obligaciones para el vendedor y cual el que representa más obligaciones para el comprador?

4. ¿De la letra F cual Incoterm representa más obligaciones para el vendedor?

5. ¿De la Letra C cual Incoterms representa más obligaciones para el vendedor?

6. ¿De los Incoterms de la letra D cual representa menos obligaciones para el vendedor?

7. ¿Como se reparten los gastos entre comprador y vendedor en el Incoterms CPT?

8. ¿Cómo deberá quedar el reparto de gastos entre comprador y vendedor en el incoterm FAS?

9. ¿Cómo deberá quedar la transmisión del riesgo entre comprador y vendedor en una exportación CIF-Valencia saliendo por el puerto de Veracruz México?

10. Si exportamos vía marítima, ¿cuál de los siguientes Incoterms es correcto elegir?:   a) EXW   b) FCA c) DAT d) FOB

11. Si exportamos desde México hacia Canadá en transporte terrestre (tráiler) y la transmisión de riesgo será en la frontera de Detroit Michigan EUA (Windsor Ontario) ¿cuál de los siguientes Incoterms debemos utilizar?   a) CPT   b) FCA   c) DAT   d) DAP

12. Si exportamos por Ferrocarril a EUA, ¿cuál de los siguientes Incoterms es correcto elegir? a) EXW   b) FCA c) DAT   d) DAP

13. Se pretende realizar el envío de una mercancía por transporte aéreo desde la Ciudad México con destino al aeropuerto de Tokio en Japón; el vendedor tiene preparada la mercancía, y el comprador ha contratado un transporte puerta-puerta que hará la recolección en las instalaciones del vendedor, sin embargo, el comprador no quiere hacerse cargo de las formalidades aduaneras a la exportación y ha pedido al vendedor que realice dicho trámite, en ese sentido, ¿Cuál Incoterms debe ser empleado para que ambos (comprador-vendedor) queden conformes con la compraventa internacional?

14. Una empresa mexicana dedicada a la fabricación de productos artesanales cerámicos ha logrado un acuerdo comercial con una empresa japonesa para el envío de productos elaborados por manos de artesanos mexicanos.

La empresa japonesa ha pedido que se le hagan dos ofertas comerciales, la primera por **un envío aéreo** al aeropuerto internacional de Tokio por 20 piezas (kits); la segunda oferta es por un contenedor de 20 pies al puerto de Yokohama, con 500 Kits, en ambos casos ha solicitado que se cotice la entrega con y sin el pago del seguro para determinar que conviene más y que efecto tiene en el precio.

La empresa mexicana se ha dado a la tarea de investigar los costos a los cuales se deberá incurrir para hacer llegar las mercancías a los lugares indicados y presentar las ofertas comerciales; para ello, la empresa mexicana ha determinado su precio de venta considerando sus gastos de producción, acondicionamiento de las mercancías para el trayecto del viaje (empaque, embalaje, etiquetado, etc.), con su correspondiente margen de utilidad, quedando el precio de venta ExWorks en 310.00 Usd por pieza (o kit).

Los datos a considerar para la **oferta comercial aérea** son los siguientes:
- Precio unitario: 310.00, Precio total en factura ExWorks: 6,200.00 Usd
- Costo de envío de la mercancía al Aeropuerto Internacional de la Ciudad de México: 350.00 Usd.
- Costo de los honorarios del agente aduanal de exportación: 280.00 Usd.
- Contribuciones de comercio exterior: 16.00 Usd.
- Maniobras de ingreso a aduana de exportación: 45.00 Usd.
- Flete aéreo al Aeropuerto de Tokio en Japón: 575.00 Usd.
- Seguro de la mercancía 0.7% del valor CPT + 25%[19]: 65.32 Usd.
- Honorarios del agente aduanal de importación: 350.00 Usd.
- Maniobras de importación en destino: 125.00 Usd.
- Contribuciones de Comercio Exterior en Japón: 625.62 Usd.
- Costo de entrega de la mercancía del Aeropuerto de Tokio al almacén del importador: 395.00 Usd.

Los datos a considerar para la **oferta comercial marítima** son los siguientes:
- Precio unitario: 310.00, Precio total en factura ExWorks: 155,000.00 Usd
- Costo de envío de la mercancía al puerto de Manzanillo Colima: 950.00 Usd.

---

[19] Se considera 25% más pensando que en caso de pérdida de la mercancía esté cubierto el valor real de la mercancía más los gastos logísticos de llevar esa mercancía hasta el punto de entrega, además de que el deducible que se pagaría es de 10%; el otro 15% representa la utilidad a ganar en esta operación de venta (7,466.00 * 25% = 9,332.50).

- Costo de los honorarios del agente aduanal de exportación: 480.00 Usd.
- Contribuciones de comercio exterior: 16.00 Usd.
- Maniobras de ingreso a aduana de exportación: 350.00 Usd.
- Flete marítimo al puerto de Yokohama en Japón: 1,650.00 Usd.
- Seguro de la mercancía 0.7% del valor CFR + 25%[20]: 1,381.80 Usd.
- Honorarios del agente aduanal de importación: 650.00 Usd.
- Maniobras de importación en destino: 789.47 Usd.
- Contribuciones de Comercio Exterior en Japón: 12,742.18 Usd.

Costo de entrega de la mercancía del Puerto de Yokohama al almacén del importador: 895.00 Usd.

15. Una empresa ha firmado un contrato de franquicia en el que se la ha otorgado el uso y distribución de una marca de calzado registrada en España, el comprador ha decidido iniciar las compras, pero antes requiere saber cuál será el costo total puerta-puerta para medir el impacto de los costos logísticos con relación al precio de venta final y saber su posición con respecto a su competencia directa, de la cual sabe los precios en punto de venta.

Los datos a considerar para la **determinación del costo de importación** son los siguientes:
Producto: 3,027 pares de calzado para mujeres o jovencitas, corte sintético, suela sintética (1 Contenedor 40").
- Precio unitario: 16.68 Usd. por par, precio total en factura ExWorks 50,490.36 Usd.
- T/C. 18.5427
- Costo del flete de la bodega del vendedor al puerto de Valencia: 680.00 Usd.
- Agente de aduanas en España: 450.00 Usd
- Contribuciones de comercio exterior a la exportación: 55.00 Usd.
- Maniobras de carga en aduana de Valencia España: 950.00 Usd
- Flete principal de Valencia a Veracruz México: 2,600.00 Usd
- Costo de la póliza de seguro de la mercancía 0.7% Sobre valor CFR[21] + 20% (Deducible del seguro + margen de utilidad): 463.89 Usd.
- Maniobras en puerto de Veracruz= 1,200.00 Usd.
- Honorarios de agente aduanal de importación 0.45% Sobre Valor en aduana: 250.60 + Otros servicios complementarios de 285.00: 535.60 Usd.
- Contribuciones de comercio exterior aduana México[22]:

---

[20] Se considera 25% más pensando que en caso de pérdida de la mercancía esté cubierto el valor real de la mercancía más los gastos logísticos de llevar esa mercancía hasta el punto de entrega, además de que el deducible que se pagaría es de 10%; el otro 15% representa la utilidad a ganar en esta operación de venta (157,921.00 * 25% = 39,480.00).
[21] CFR: 55,225.36 Usd
[22] Fracción arancelaria: 6402.99.04.
País de origen: China
Arancel: 30%; IVA: 16%; Derecho de Trámite Aduanero: 8/1000; Prevalidación y Contraprestación: 14.40 Usd.

Advalorem 30%: 16,706.78 Usd.; DTA: 445.51; IVA: 11,654.65 Usd. Total, de contribuciones de comercio exterior: 28,806.94 Usd.

- Flete de entrega del puerto de Veracruz a Querétaro, Qro.: 1,800.00 Usd.

16. La pujante industria de la carne de res de México está enfocando sus esfuerzos en vender sus cortes de primera a consumidores musulmanes de Oriente Medio, en un intento por reducir su dependencia de los compradores de Estados Unidos[23].

La potencial guerra comercial entre Estados Unidos y México, bajo la presidencia de Donald Trump, ha apurado a productores mexicanos a explorar mercados extranjeros alternativos al estadounidense, que compra el 94% de sus exportaciones por unos 1,600 millones de dólares en 2016.

Esto hace que las empresas mexicanas miren a Oriente Medio, donde la mayoría de la carne es importada desde países no musulmanes usando animales sacrificados por el método halal prescrito por la ley islámica.

México, el sexto productor mundial de carne vacuna, planea cuadruplicar las exportaciones de carne de vaca halal a 20,000 toneladas a finales de 2018 desde las 5,000 toneladas de este año, según datos de la Asociación Mexicana de Engordadores de Ganado Bovino (AMEG).
La asociación de productores de ganado bovino de México envió una misión comercial a Dubái y Qatar a finales de febrero de 2017 para reunirse con posibles compradores, dijo un funcionario comercial de AMEG.

Inspectores de los Emiratos Árabes Unidos visitarán México en junio, después de que sus pares saudíes estuvieron en el país en marzo, según el AMEG. "(Se fueron con) un muy buen sabor de boca respecto de los sistemas de producción mexicanos", dijo el funcionario.

De esta manera, "Empresa Mexicana, S.A. de C.V." (localizada en la Ciudad de México) participó en la feria *Gulfood* que se celebra anualmente en el mes de febrero en Dubái (Emiratos Árabes Unidos) a la cual concurren alrededor de 5 mil empresas del sector alimenticio. En dicha feria el Director General de "Empresa Mexicana" hizo contacto con diversos compradores (*Traders*) con los que cerró algunos pedidos de gran importancia. Una de ellas es con la empresa *Emirates Food & Feeding Co.*, a quien enviará el siguiente pedido:

Producto de exportación: Cortes de res de bobino congelada, tipo halal. ⌈SEP⌉

Restricciones no Arancelarias: NOM-020-SCFI-1997 & Padrón sectorial-Anexo 10 Reglas Generales de Comercio Exterior (RGCE).

[23] Noticia tomada de Reuters. Disponible en
https://lta.reuters.com/article/businessNews/idLTAKBN1882O4-OUSLB

Cantidad: 20,000 Kg. en 2,000 cajas de 10 kg. [SEP]
Precio total: 98,000.00 Usd.
Precio unitario: 4.90 Usd/kg. [SEP]
Transporte: en Contenedor Frigorífico Integral 40". [SEP]
Puerto de salida: Manzanillo; Puerto de destino: Dubái[SEP]
Condiciones de entrega: Empresa Mexicana hizo varias ofertas comerciales: FOB-Manzanillo, Col. México; CFR & CIF: Puerto de Jebel Ali Port, Dubái, Emiratos Árabes Unidos y DAP y DDP Planta del comprador en la Cd. De Dubái). El objetivo es ahora, determinar cada uno de esos precios para que comprador y vendedor decidan cuál Incoterms deberá ser empleado. [SEP]
Seguro de transporte: 0.7% sobre el valor de la mercancía en Incoterms CFR más 25%.
Regulaciones No Arancelarias: Certificado de Origen, Certificado Halal, Certificado de no Radiactividad y Certificado de Contenido de Dioxina. [SEP]

Para ofrecer distintas alternativas en cuanto al Incoterm utilizado y el lugar de entrega de la mercancía, "Empresa Mexicana" ha pedido cotizaciones de transporte, seguro, así como todos los gastos que se deberán cubrir a lo largo de la cadena logística internacional, obteniendo los siguientes datos:

- Costo de envase y embalaje para productos que se exportan: 500.00 Usd.
- Costo del transporte interior de la CDMX al puerto de Manzanillo Col. México: 1,278.94 Usd.
- Trámites aduaneros de exportación (despacho): 50.00 Usd.
- Gastos de Maniobras en Terminal de exportación (THC - *Terminal Handling Charges*) puerto de Manzanillo: 400.00 Usd.
- Emisión del conocimiento de embarque (Bill of Lading B/L): 100.00 Usd.
- Transporte Internacional: Flete marítimo Manzanillo-Dubái (incluidos BAF *Bunker Ajustment Factor* y CAF *Currency Adjustment Factor*): 1,700.00 Usd.
- Seguro de transporte internacional (Manzanillo-Dubái): 892.75 Usd.
- Gastos de Manipulación en Terminal (THC - *Terminal Handling Charges*) y gastos de estancia en puerto de Dubái: 650.00 Usd.
- Trámites aduaneros de importación (despacho + aranceles + impuestos): 2,900.00 Usd.
- Transporte interior en país de destino (puerto de Dubái a la empresa *Emirates Food and Feeding*): 850.00 Usd.

[SEP]
1. Existen más opciones para presentar otras ofertas comerciales, ¿cuál de los siguientes Incoterms hubiera sido incorrecto utilizar?:
a) EXW Emiliano Zapata No. 11, Col. Peñón de los Baños, CDMX, México.
b) FCA Puerto de Manzanillo, México.[SEP]
c) CFR Puerto de Lázaro Cárdenas, Michoacán, México. [SEP]
d) DAT Puerto de Dubái, Emiratos Árabes Unidos.

2. Si se hubiera utilizado el Incoterm "EXW Emiliano Zapata No. 11, Col. Peñón de los Baños, CDMX, México:
a) La carga del contenedor en el camión que lo transporta a Manzanillo es responsabilidad del comprador.

b) El transporte desde Emiliano Zapata No. 11, Col. Peñón de los Baños, CDMX, México es por cuenta del vendedor.

c) La descarga del contenedor en el puerto de Manzanillo es responsabilidad del vendedor.

d) El despacho de exportación en el puerto de Manzanillo es responsabilidad del vendedor.

3. ¿Se podría haber utilizado el Incoterm "FOB Puerto de Manzanillo" teniendo en cuenta que la mercancía se transporta en contenedor?

a) No, las reglas Incoterms 2010 prohíben expresamente utilizar Incoterms marítimos (FAS, FOB, CFR o CIF) cuando la mercancía se transporta en contenedor.

b) No, ya que entonces la tramitación y pago del despacho de exportación, lo hubiera tenido que hacer el comprador con el consiguiente costo para él.

c) No, ya que entonces la tramitación y pago del despacho de exportación, lo hubiera tenido que hacer el comprador, por lo que el vendedor no tiene un conocimiento fehaciente del destino final de la mercancía.

d) Si, ya que las reglas Incoterms 2010 no prohíben expresamente utilizar los Incoterms marítimos (FAS, FOB, CFR o CIF) cuando la mercancía se transporta en contenedor, pero no es aconsejable utilizar FOB ya que los contenedores no se entregan a bordo del buque sino en la terminal de contenedores del puerto.

4. Si se utiliza "CIF puerto de Dubái" y toda la logística de la operación hasta la entrega en el puerto de Dubái la lleva a cabo el operador logístico Maersk contratado por el vendedor, ¿en qué lugar se transmite el riesgo de transporte del vendedor al comprador?:

a) En las instalaciones del vendedor, una vez que la mercancía se ha cargado en el camión que la recoge para llevarla al puerto de Manzanillo.

b) En la terminal de contenedores del puerto de Manzanillo una vez que la mercancía se ha descargado del camión que la transporta hasta allí.

c) En el puerto de Manzanillo, a bordo del buque que la transporta a Dubái, una vez que la mercancía se ha cargado y estibado.

d) En el puerto de Dubái, a bordo del buque que la ha transportado, antes de iniciarse la descarga.

5. ¿Cuál es la diferencia entre utilizar CPT y CIF, en cuanto al seguro de transporte?:

a) En CPT el vendedor tiene que contratar obligatoriamente un seguro de transporte de la mercancía a nombre del comprador.

b) En CPT el comprador tiene que contratar obligatoriamente un seguro de transporte de la mercancía a nombre del comprador.

c) En CIF el vendedor tiene que contratar obligatoriamente un seguro de transporte de la mercancía a nombre del comprador.

b) En CIF el comprador tiene que contratar obligatoriamente un seguro de transporte de la mercancía a nombre del vendedor.

6. Al utilizar el Incoterms DAP-instalaciones del comprador, ¿de quien es la responsabilidad la contratación del seguro de la mercancía?

a) Del vendedor hasta el destino final.

b) Del comprador a partir del puerto de Dubái a sus instalaciones.

c) Del transportista que tiene en su posesión las mercancías.

d) De acuerdo al pacto que establezcan las partes.

7. Si se hubiera utilizado "DAT puerto de Dubái" en vez de "CIF puerto de Dubái":

a) El vendedor habría asumido el riesgo de transporte hasta la entrega de la mercancía descargada en el puerto de Dubái.

b) El vendedor habría pagado los trámites aduaneros de importación en Dubái (despacho + aranceles + impuestos).

c) El vendedor habría asumido el costo del transporte interior hasta el domicilio del comprador en Dubái.

d) El comprador habría asumido el riesgo en la descarga de la mercancía en el puerto de Dubái.

8. Para el Incoterm "CIF puerto de Dubái" el precio en factura es de 102,921.69 Usd., ¿cuál sería el precio "FAS puerto de Manzanillo"?

a) 99,828.94 Usd.

b) 103,371.69 Usd.

c) 103,371.69 Usd.

d) 100,228.94 Usd.

9. Si el precio del contrato hubiera sido 102,028.94, ¿cuál habría sido el Incoterm utlllzado?:

a) CFR puerto de Dubái.

b) DAT puerto de Dubái.

c) DAP Planta del importador Dubái.

d) DDP Planta del importador Dubái.

Ejercicios resueltos

1. ¿Cuantos grupos de Incoterms existen?
   Si bien los Incoterms 2000 estaban divididos en letras E (EXW), F (FCA, FAS, FOB), C (CPT, CFR, CIF, CIP), y D (DAF, DES, DEQ, DDU y DDP), los Incoterms 2010 sólo quedaron divididos en dos grupos: Los que son exclusivamente marítimos: FAS, FOB, CFR y CIF; y los que son multimodales: EXW, FCA, CPT, CIP, DAT, DAP y DDP.
   Es importante aclarar que en muchos casos resulta un poco más didáctico dividir los Incoterms 2010 en letras E, F, C y D para una mejor explicación y poder delimitar mejor las funciones de cada uno de ellos.

2. ¿Cuáles son los Incoterms 2000 y cuáles desaparecieron?
   Incoterms 2000: EXW, FCA, FAS, FOB, CPT, CFR, CIF, CIP, DAF, DES, DEQ, DDU y DDP. Los que desaparecieron: DAF, DES, DEQ y DDU.

3. ¿Cuál es el Incoterms que representa más obligaciones para el vendedor y cual el que representa más obligaciones para el comprador?
   DDP es el Incoterms que más obligaciones representa para el vendedor, porque implica la entrega puerta-puerta, es decir en las instalaciones del comprador.
   EXW es el Incoterms que más obligaciones representa para el comprador, debido a que el vendedor entrega las mercancías en sus instalaciones, bodegas, etc., de esta manera el comprador deberá encargarse de hacer llegar desde ese punto las mercancías hasta sus instalaciones.

4. ¿De la letra F cual incoterm representa más obligaciones para el vendedor?
   FOB es el Incoterms que más obligaciones representa para el vendedor. Esto debido a que la mercancía es entregada en el puerto de salida del país exportador cargado, estibado y trincado en el barco.

5. ¿De la Letra C cual Incoterms representa más obligaciones para el vendedor?
   Aquí vale la pena aclarar que en los Incoterms CIF, CIP, CFR y CPT el riesgo se transmite en la aduana de salida como si fuera en FOB; es decir, si bien el exportador paga el flete internacional y en algunos Incoterms el seguro de la mercancía (CIF y CIP) hasta el puerto o aeropuerto del país de destino, si por alguna razón, la mercancía llegara a dañarse en el trayecto del viaje, la responsabilidad del reclamo de la mercancía y el resarcimiento del daño será para el comprador, no para el exportador, por esta razón una vez que la mercancía ha sido puesta sobre el barco o sobre el avión, el comprador tiene toda la obligación de pagar el importe total manifestado en la factura de venta.

6. ¿De los Incoterms de la letra D cual representa menos obligaciones para el vendedor?
   DAT es el Incoterms con menores riesgos para el vendedor, ya que el punto de entrega y transmisión del riesgo se da cuando las mercancías han sido descargadas y entregadas en la terminal del puerto o aeropuerto, donde esperaran a que el comprador inicie las formalidades del despacho aduanero.

7. ¿Como se reparten los gastos entre comprador y vendedor en el Incoterms CPT?

Todos los gastos de preparar la mercancía y llevarla a la aduana de salida, así como los gastos del despacho aduanero de exportación le corresponden al vendedor; todos los gastos que se generen a partir de ese punto corren a cargo del comprador.

Aquí vale la pena una aclaración, el Incoterms CPT puede utilizarse de dos maneras, la primera es la que mencionamos párrafo arriba, la otra es la modalidad de colocación de transporte desde las instalaciones del vendedor, es decir, el comprador contrata un transporte puerta-puerta, haciéndose el exportador cargo sólo de los gastos y las formalidades aduaneras a la exportación.

8. ¿Cómo deberá quedar el reparto de gastos entre comprador y vendedor en el incoterm FAS?

En FAS el exportador cubre el flete local de sus instalaciones hasta el puerto de salida, pagando además el despacho de exportación, el agente aduanal, las contribuciones de exportación y la maniobra de llevar la mercancía hasta el muelle donde se encuentra atracado el buque para su carga.

A Partir de ahí el importador deberá pagar todos los gastos que se generen para hacer llegar la mercancía hasta sus bodegas.

9. ¿Cómo deberá quedar la transmisión del riesgo entre comprador y vendedor en una exportación CIF-Valencia saliendo por el puerto de Veracruz México?

La transmisión del riesgo se dará cuando la mercancía esté cargada, estibada y trincada en el barco en el puerto de Veracruz.

10. Si exportamos vía marítima, ¿cuál de los siguientes Incoterms es correcto elegir?:

a) EXW

b) FCA

c) DAT

d) FOB

Nota. La Cámara de Comercio Internacional hace la recomendación que, aunque una exportación se realice por vía marítima, se utilice el Incoterms FCA para mercancía contenerizada, esto debido a que el exportador entrega el contenedor en las instalaciones de alguna terminal en puerto y no directamente al barco, por lo tanto, no es testigo presencial de la carga, estiba y trincado del contenedor.

11. Si exportamos desde México hacia Canadá en transporte terrestre (tráiler) y la transmisión de riesgo será en la frontera de Detroit Michigan EUA (y Windsor Ontario), ¿cuál de los siguientes Incoterms debemos utilizar?

a) CPT

b) FCA

c) DAT

d) DAP

Aquí la opción más viable sería DAP con entrega en lugar indicado antes de ser exportado a Canadá.

12. Si exportamos por Ferrocarril a EUA, ¿cuál de los siguientes Incoterms es correcto elegir si la transmisión del riesgo se da en la frontera de Nuevo Laredo Tamaulipas.?
    a) EXW
    b) FCA
    c) DAT
    d) DAP

13. Se pretende realizar el envío de una mercancía por transporte aéreo desde la Ciudad México con destino al aeropuerto de Tokio en Japón; el vendedor tiene preparada la mercancía, y el comprador ha contratado un transporte puerta-puerta que hará la recolección en las instalaciones del vendedor, sin embargo, no quiere hacerse cargo de las formalidades aduaneras a la exportación y ha pedido al vendedor que realice dicho trámite, en ese sentido, ¿Cuál Incoterms debe ser empleado para que ambos (comprador-vendedor) queden conformes con la compraventa internacional?
    FCA es el Incoterms apropiado, ya que FCA implica que el vendedor se haga cargo de los trámites de exportación.

Ejercicios prácticos

14. Una empresa mexicana dedicada a la fabricación de productos artesanales cerámicos ha logrado un acuerdo comercial con una empresa japonesa para el envío de productos elaborados por manos de artesanos mexicanos.

    La empresa japonesa ha pedido que se le hagan dos ofertas comerciales, la primera por un envío aéreo al aeropuerto internacional de Tokio por 20 piezas (kits); la segunda oferta es por un contenedor de 20 pies al puerto de Yokohama, con 500 Kits, en ambos casos ha solicitado que se cotice la entrega con seguro y sin el pago del seguro para determinar que conviene más y que efecto tiene en el precio.

    La empresa mexicana se ha dado a la tarea de investigar los costos a los cuales se deberá incurrir para hacer llegar las mercancías a los lugares indicados y presentar las ofertas comerciales; para ello, la empresa mexicana ha determinado su precio de venta considerando sus gastos de producción, acondicionamiento de las mercancías para el trayecto del viaje (empaque, embalaje, etiquetado, etc.), con su correspondiente margen de utilidad, quedando el precio de venta ExWorks en 310.00 Usd por pieza (o kit).

    Los datos a considerar para la **oferta comercial aérea** son los siguientes:
    A) Precio unitario: 310.00, Precio total en factura ExWorks: 6,200.00 Usd
    B) Costo de envío de la mercancía al Aeropuerto Internacional de la Ciudad de México: 350.00 Usd.
    C) Costo de los honorarios del agente aduanal de exportación: 280.00 Usd.
    D) Contribuciones de comercio exterior: 16.00 Usd.
    E) Maniobras de ingreso a aduana de exportación: 45.00 Usd.
    F) Flete aéreo al Aeropuerto de Tokio en Japón: 575.00 Usd.

G) Seguro de la mercancía 0.7% del valor CPT + 25%[24]: 65.32 Usd.
H) Honorarios del agente aduanal de importación: 350.00 Usd.
I) Maniobras de importación en destino: 125.00 Usd.
J) Contribuciones de Comercio Exterior en Japón: 625.62 Usd.
K) Costo de entrega de la mercancía del Aeropuerto de Tokio al almacén del importador: 395.00 Usd.

Respuesta: Al momento que el comprador y vendedor están acordando la entrega en el Aeropuerto Internacional de Tokio en Japón, se da por entendido que se pueden utilizar dos Incoterms multimodales, CPT o CIP. Para el primero hay que tener en consideración los gastos arriba descritos de la siguiente manera:
CPT = A+B+C+D+E+F
CPT= 6,200.00+350.00+280.00+16.00+45.00+575.00 =7,466.00
Precio unitario de venta CPT: 373.30 Usd

Para el caso de CIP se consideran todos los gastos anteriores más el costo del seguro, es decir:
CIP= A+B+C+D+E+F+G
6,200.00+350.00+280.00+16.00+45.00+575.00+65.32 = 7,531.32;
Precio unitario de venta CIP: 376.57 Usd

Decíamos que además de la oferta comercial aérea, se está solicitando otra oferta marítima para un contenedor de 40 pies conteniendo 500 kits. Los datos a considerar para la **oferta comercial marítima** son los siguientes:
A. Precio unitario: 310.00, Precio total en factura ExWorks: 155,000.00 Usd
B. Costo de envío de la mercancía al puerto de Manzanillo Colima: 950.00 Usd.
C. Costo de los honorarios del agente aduanal de exportación: 480.00 Usd.
D. Contribuciones de comercio exterior: 16.00 Usd.
E. Maniobras de ingreso a aduana de exportación: 350.00 Usd.
F. Flete marítimo al puerto de Yokohama en Japón: 1,650.00 Usd.
G. Seguro de la mercancía 0.7% del valor CFR + 25%[25]: 1,381.80 Usd.
H. Honorarios del agente aduanal de importación: 650.00 Usd.
I. Maniobras de importación en destino: 789.47 Usd.
J. Contribuciones de Comercio Exterior en Japón: 12,742.18 Usd.
K. Costo de entrega de la mercancía del Puerto de Yokohama al almacén del importador: 895.00 Usd.

---

[24] Se considera 25% más pensando que en caso de pérdida de la mercancía esté cubierto el valor real de la mercancía más los gastos logísticos de llevar esa mercancía hasta el punto de entrega, además de que el deducible que se pagaría es de 10%; el otro 15% representa la utilidad a ganar en esta operación de venta (7,466.00 * 25% = 9,332.50).

[25] Se considera 25% más pensando que en caso de pérdida de la mercancía esté cubierto el valor real de la mercancía más los gastos logísticos de llevar esa mercancía hasta el punto de entrega, además de que el deducible que se pagaría es de 10%; el otro 15% representa la utilidad a ganar en esta operación de venta (157,921.00 * 25% = 39,480.00).

Respuesta: En este caso, debemos considerar los Incoterms CFR y CIF.

CFR= A+B+C+D+F

CFR = 155,000.00+950.00+480.00+16.00+350.00+1,650.00 = 158,446.00 Usd.

Precio unitario CFR = 316.89 Usd.

CIF= A+B+C+D+F+G

CIF = 155,000.00+950.00+480.00+16.00+350.00+1,650.00+1,381.80= 159,827.80 Usd.

Precio unitario CIF = 319.66 Usd.

15. Una empresa ha firmado un contrato de franquicia en el que se la ha otorgado el uso y distribución de una marca de calzado registrada en España, el comprador ha decidido iniciar las compras, pero antes requiere saber cuál será el costo total puerta-puerta para medir el impacto de los costos logísticos con relación al precio de venta final y saber su posición con respecto a su competencia directa, de la cual conoce los precios exhibidos en punto de venta.

Los datos a considerar para la **determinación del costo de importación** son los siguientes:

Producto: 3,027 pares de calzado para mujeres o jovencitas, corte sintético, suela sintética (1 Contenedor 40").

A. Precio unitario: 16.68 Usd. por par, precio total en factura ExWorks 50,490.36 Usd. (Tipo de Cambio: 18.5427)
B. Costo del flete de la bodega del vendedor al puerto de Valencia: 680.00 Usd.
C. Agente de aduanas en España: 450.00 Usd
D. Contribuciones de comercio exterior a la exportación: 55.00 Usd.
E. Maniobras de carga en aduana de Valencia España: 950.00 Usd
F. Flete principal de Valencia a Veracruz México: 2,600.00 Usd
G. Costo de la póliza de seguro de la mercancía 0.7% Sobre valor CFR[26] + 20% (Deducible del seguro + margen de utilidad): 463.89 Usd.
H. Maniobras en puerto de Veracruz= 1,200.00 Usd.
I. Honorarios de agente aduanal de importación 0.45% Sobre Valor en aduana: 250.60 + Otros servicios complementarios de 285.00: 535.60 Usd.
J. Contribuciones de comercio exterior aduana México[27]: Advalorem 30%: 16,706.78 Usd.; DTA: 445.51; IVA: 11,654.65 Usd. Total, de contribuciones de comercio exterior: 28,806.94 Usd.
K. Flete de entrega del puerto de Veracruz a Querétaro, Qro.: 1,800.00 Usd.

En este ejercicio sencillamente lo que hay que hacer es una sumatoria

---

[26] CFR: 55,225.36 Usd
[27] Fracción arancelaria: 6402.99.04.
País de origen: China
Arancel: 30%; IVA: 16%; Derecho de Trámite Aduanero: 8/1000; Prevalidación y Contraprestación: 14.40 Usd.
Restricciones no Arancelarias: NOM-020-SCFI-1997 & Padrón sectorial-Anexo 10 Reglas Generales de Comercio Exterior (RGCE).

de todos los costos en Incoterm DDP para determinar el precio unitario final para ver si el importador está aún en precio con respecto a su competencia y con base en ello determinar su precio de venta final, tanto a distribuidores como en punto de venta.

DDP = A+B+C+D+E+F+G+H+I+J+K

DDP = 50,490.36+680.00+450.00+55.00+950.00+2,600.00+463.89+1,200.00+535.60+ 28,806.94+1800 = \$88,031.79; Precio unitario= 29.08 USD (\$539.26 M.N).

16. La pujante industria de la carne de res de México está enfocando sus esfuerzos en vender sus cortes de primera a consumidores musulmanes de Oriente Medio, en un intento por reducir su dependencia de los compradores de Estados Unidos[28].

La potencial guerra comercial entre Estados Unidos y México, bajo la presidencia de Donald Trump, ha apurado a productores mexicanos a explorar mercados extranjeros alternativos al estadounidense, que compra el 94% de sus exportaciones por unos 1,600 millones de dólares en 2016.

Esto hace que las empresas mexicanas miren a Oriente Medio, donde la mayoría de la carne es importada desde países no musulmanes usando animales sacrificados por el método halal prescrito por la ley islámica.

México, el sexto productor mundial de carne vacuna, planea cuadruplicar las exportaciones de carne de vaca halal a 20,000 toneladas a finales de 2018 desde las 5,000 toneladas de este año, según datos de la Asociación Mexicana de Engordadores de Ganado Bovino (AMEG).

La asociación de productores de ganado bovino de México envió una misión comercial a Dubái y Qatar a finales de febrero de 2017 para reunirse con posibles compradores, dijo un funcionario comercial de AMEG.

Inspectores de los Emiratos Árabes Unidos visitarán México en junio, después de que sus pares saudíes estuvieron en el país en marzo, según el AMEG. "(Se fueron con) un muy buen sabor de boca respecto de los sistemas de producción mexicanos", dijo el funcionario.

De esta manera, "Empresa Mexicana, S.A. de C.V." (localizada en la Ciudad de México) participó en la feria *Gulfood* que se celebra anualmente en el mes de febrero en Dubái (Emiratos Árabes Unidos) a la cual concurren alrededor de 5 mil empresas del sector alimenticio. En dicha feria el Director General de "Empresa Mexicana" hizo contacto con diversos compradores (*Traders*) con los que cerró algunos pedidos de gran importancia. Una de ellas es con la empresa *Emirates Food & Feeding Co.*, a quien enviará el siguiente pedido:

---

[28] Noticia tomada de Reuters. Disponible en https://lta.reuters.com/article/businessNews/idLTAKBN1882O4-OUSLB

Producto de exportación: Cortes de res de bobino congelada, tipo halal. [SEP]
Cantidad: 20,000 Kg. en 2,000 cajas de 10 kg. [SEP]
Precio total: 98,000.00 Usd.
Precio unitario: 4.90 Usd/kg. [SEP]
Transporte: en Contenedor Frigorífico Integral 40". [SEP]
Puerto de salida: Manzanillo; Puerto de destino: Dubái[SEP]
Condiciones de entrega: Empresa Mexicana hizo varias ofertas comerciales: FOB-Manzanillo, Col. México; CFR & CIF: Puerto de Jebel Ali Port, Dubái, Emiratos Árabes Unidos y DAP y DDP Planta del comprador en la Cd. De Dubái). El objetivo es ahora, determinar cada uno de esos precios para que comprador y vendedor decidan cuál Incoterms deberá ser empleado. [SEP]
Seguro de transporte: 0.7% sobre el valor de la mercancía en Incoterms CFR más 25%[29].
Regulaciones No Arancelarias: Certificado de Origen, Certificado Halal, Certificado de no Radiactividad y Certificado de Contenido de Dioxina. [SEP]

Para ofrecer distintas alternativas en cuanto al Incoterm utilizado y el lugar de entrega de la mercancía, "Empresa Mexicana" ha pedido cotizaciones de transporte, seguro, así como todos los gastos que se deberán cubrir a lo largo de la cadena logística internacional, obteniendo los siguientes datos:

A. Importe total en factura ExWorks: 98,000.00 Usd.
B. Costo de envase y embalaje para productos que se exportan: 500.00 Usd.
C. Costo del transporte interior de la CDMX al puerto de Manzanillo Col. México: 1,278.94 Usd.
D. Trámites aduaneros de exportación (despacho): 50.00 Usd.
E. Gastos de Maniobras en Terminal de exportación (THC - *Terminal Handling Charges*) puerto de Manzanillo: 400.00 Usd.
F. Emisión del conocimiento de embarque (Bill of Lading B/L): 100.00 Usd.
G. Transporte Internacional: Flete marítimo Manzanillo-Dubái (incluidos BAF *Bunker Ajustment Factor* y CAF *Currency Adjustment Factor*): 1,700.00 Usd.
H. Seguro de transporte internacional (Manzanillo-Dubái): 892.75 Usd.
I. Gastos de Manipulación en Terminal (THC - *Terminal Handling Charges*) y gastos de estancia en puerto de Dubái: 650.00 Usd.
J. Trámites aduaneros de importación (despacho + aranceles + impuestos): 2,900.00 Usd.
K. Transporte interior en país de destino (puerto de Dubái a la empresa *Emirates Food and Feeding*): 850.00 Usd.

A forma de repaso...[SEP]
1. Existen más opciones para presentar otras ofertas comerciales, ¿cuál de los siguientes Incoterms hubiera sido incorrecto utilizar?:
a) EXW Emiliano Zapata No. 11, Col. Peñón de los Baños, CDMX, México.
b) FCA Puerto de Manzanillo, México.[SEP]
c) CFR Puerto de Lázaro Cárdenas, Michoacán, México. [SEP]
d) DAT Puerto de Dubái, Emiratos Árabes Unidos.

---

[29] Valor CFR: 102,028.94 + 25% = 127,536.18*0.7% = 892.75 Usd

CFR pertenece al grupo de la C, es decir con transporte principal pagado, es decir, CFR, CPT, CIP y CIF siempre el lugar de entrega será en el país de destino.

2. Si se hubiera utilizado el Incoterm "EXW Emiliano Zapata No. 11, Col. Peñón de los Baños, CDMX, México, ¿cuál de las siguientes opciones es correcta?:
a) La carga del contenedor en el camión que lo transporta a Manzanillo es responsabilidad del comprador.
b) El transporte desde Emiliano Zapata No. 11, Col. Peñón de los Baños, CDMX, México hasta las instalaciones del comprador, es por cuenta del vendedor.
c) La descarga del contenedor en el puerto de Manzanillo es responsabilidad del vendedor.
d) El despacho de exportación en el puerto de Manzanillo es responsabilidad del vendedor.

3. ¿Se podría haber utilizado el Incoterm "FCA Puerto de Manzanillo" teniendo en cuenta que la mercancía se transporta en contenedor?
a) No, las reglas Incoterms 2010 prohíben expresamente utilizar Incoterms marítimos (FAS, FOB, CFR o CIF) cuando la mercancía se transporta en contenedor.
b) No, ya que entonces la tramitación y pago del despacho de exportación, lo hubiera tenido que hacer el comprador con el consiguiente costo para él.
c) No, ya que entonces la tramitación y pago del despacho de exportación, lo hubiera tenido que hacer el comprador, por lo que el vendedor no tiene un conocimiento fehaciente del destino final de la mercancía.
d) Si, ya que las reglas Incoterms 2010 no prohíben expresamente utilizar los Incoterms marítimos (FAS, FOB, CFR o CIF) cuando la mercancía se transporta en contenedor, pero no es aconsejable utilizar FOB ya que los contenedores no se entregan a bordo del buque sino en la terminal de contenedores del puerto.

4. Si se utiliza "CIF puerto de Dubái" y toda la logística de la operación hasta la entrega en el puerto de Dubái la lleva a cabo el operador logístico *Maersk Line* contratado por el vendedor, ¿en qué lugar se transmite el riesgo de la mercancía del vendedor al comprador?:
a) En las instalaciones del vendedor, una vez que la mercancía se ha cargado en el camión que la recoge para llevarla al puerto de Manzanillo.
b) En la terminal de contenedores del puerto de Manzanillo una vez que la mercancía se ha descargado del camión que la transporta hasta allí.
c) En el puerto de Manzanillo, a bordo del buque que la transporta a Dubái, una vez que la mercancía se ha cargado, estibado y trincado.
d) En el puerto de Dubái, a bordo del buque que la ha transportado, antes de iniciarse la descarga.

5. ¿Cuál es la diferencia entre utilizar CPT y CIP, en cuanto al seguro de transporte?:
a) En CPT el vendedor tiene que contratar obligatoriamente un seguro de transporte de la mercancía a nombre del comprador.
b) En CPT el comprador tiene que contratar obligatoriamente un seguro de transporte de la mercancía a nombre del vendedor.
c) En CIP el vendedor tiene que contratar obligatoriamente un seguro de transporte de la mercancía a nombre del comprador.

b) En CIP el comprador tiene que contratar obligatoriamente un seguro de transporte de la mercancía a nombre del vendedor.

7. Al utilizar el Incoterms DAP-instalaciones del comprador, ¿de quien es la responsabilidad la contratación del seguro de la mercancía?
a) Del vendedor hasta el destino final.
b) Del comprador a partir del puerto de Dubái a sus instalaciones.
c) Del transportista que tiene en su posesión las mercancías.
d) De acuerdo al pacto que establezcan las partes.

7. Si se hubiera utilizado "DAT puerto de Dubái" en vez de "CIF puerto de Dubái":
a) El comprador habría asumido el riesgo en la descarga de la mercancía en el puerto de Dubái.
b) El vendedor habría pagado los trámites aduaneros de importación en Dubái (despacho + aranceles + impuestos).
c) El vendedor habría asumido el costo del transporte interior hasta el domicilio del comprador en Dubái.
d) El vendedor habría asumido el riesgo de transporte hasta la entrega de la mercancía descargada en el puerto de Dubái.

8. Para el Incoterm "CIF puerto de Dubái" el precio en factura es de 102,921.69 Usd., ¿cuál sería el precio "FAS puerto de Manzanillo"?
a) 99,828.94 Usd.
b) 103,371.69 Usd.
c) 103,371.69 Usd.
d) 100,228.94 Usd.

9. Si el precio en factura hubiera sido 102,028.94, ¿cuál habría sido el Incoterm utilizado?:
a) CFR puerto de Dubái.
b) DAT puerto de Dubái.
c) DAP Planta del importador Dubái.
d) DDP Planta del importador Dubái.

Ofertas comerciales presentadas:
    A.   Importe total en factura ExWorks: 98,000.00 Usd.
    B.   Costo de envase y embalaje para productos que se exportan: 500.00 Usd.
    C.   Costo del transporte interior de la CDMX al puerto de Manzanillo Col. México: 1,278.94 Usd.
    D.   Trámites aduaneros de exportación (despacho): 50.00 Usd.
    E.   Gastos de Maniobras en Terminal de exportación (THC - *Terminal Handling Charges*) puerto de Manzanillo: 400.00 Usd.
    F.   Emisión del conocimiento de embarque (Bill of Lading B/L): 100.00 Usd.
    G.   Transporte Internacional: Flete marítimo Manzanillo-Dubái (incluidos BAF *Bunker Ajustment Factor* y CAF *Currency Adjustment Factor*): 1,700.00 Usd.
    H.   Seguro de transporte internacional (Manzanillo-Dubái): 892.75 Usd.
    I.   Gastos de Manipulación en Terminal (THC - *Terminal Handling Charges*) y gastos de estancia en puerto de Dubái: 650.00 Usd.
    J.   Trámites aduaneros de importación (despacho + aranceles + impuestos): 2,900.00 Usd.
    K.   Transporte interior en país de destino (puerto de Dubái a la empresa *Emirates Food and Feeding*): 850.00 Usd.

FOB-Manzanillo, Col. México= A+B+C+D+E
FOB= 98,000.00+500.00+1,278.94+50.00+400.00 = $100,228.94 USD
Precio unitario FOB: 5.01 Usd/Kg

CFR-Puerto de Jebel Ali Port, Dubái, EAU = A+B+C+D+E+F+G
CFR= 98,000.00+500.00+1,278.94+50.00+400.00+100+1,700.00 = 102,028.94 Usd
Precio unitario CFR: 5.10 Usd/Kg

CIF: Puerto de Jebel Ali Port, Dubái, EAU = A+B+C+D+E+F+G+H
CIF= 98,000.00+500.00+1,278.94+50.00+400.00+100+1,700.00+892.75 = 102,921.69 Usd
Precio unitario CFR: 5.15 Usd/Kg

DAP- Planta del comprador en la Cd. De Dubái = A+B+C+D+E+F+G+H+K
DAP = 98,000.00+500.00+1,278.94+50.00+400.00+100+1,700.00+892.75+850.00 = 103,771.69
Precio unitario DDP: 5.19 Usd/Kg

DDP- Planta del comprador en la Cd. De Dubái = A+B+C+D+E+F+G+H+I+J+K
DDP = 98,000.00+500.00+1,278.94+50.00+400.00+100+1,700.00+892.75+450.00+2,900.00+850.00 = $107,121.69 Usd.
Precio unitario DDP: 5.36 Usd/Kg

Referencias bibliográficas

1. LUniversidad Autónoma de Madrid, 2017. Economía del sector exterior. https://www.uam.es/docencia/cooedu/TECNICAS%20DE%20COMERCIO/miWeb21/transparencias.htm. Madrid España.
2. Long, Douglas (2010). Logística Internacional. Administración de la cadena de abastecimiento global. México. Ed. Limusa. P.P. 504.
3. Asscodes And Asmer International & García Gloria. Instrumentos financieros del Comercio Internacional (2013). España, Ed. Fundación Confemetal. P.P. 323.
4. Llamazares, Olegario (2014). Guía práctica de los Incoterms 2010. (2da. Edición). Madrid. Editorial Global Marketing. P.P.184.
5. Comisión de las Naciones Unidas para el Derecho Mercantil Internacional (2017). Convención de las Naciones Unidas Sobre los Contratos de Compraventa Internacional de Mercancías. **[En línea]. Disponible en:** <https://www.uncitral.org/pdf/spanish/texts/sales/cisg/V1057000-CISG-s.pdf> **[Accesado el 12 de noviembre de 2017]. PP. 58.**
1. Enciclopedia Jurídica (2018). Contrato **[En línea]. Disponible en:** < http://www.enciclopedia-juridica.biz14.com/d/contrato/contrato.htm> **[Accesado el 14 de enero de 2018]. S.P.**
2. Marco *Trade News*. El contrato de compraventa internacional (2013) **[En línea]. Disponible en:** < http://marcotradenews.com/noticias/el-contrato-de-compraventa-internacional-19314 > **[Accesado el 27 de septiembre de 2017]. S.P.**
3. *Global Negotiator* (2018) Orden de compra **[En línea]. Disponible en:** < http://www.globalnegotiator.com/es/> **[Accesado el 24 de diciembre de 2017]. S.P.**
4. *Low Post* (2018) Nombres de Identificación Tributaria por Países. **[En línea]. Disponible en:** < https://lowpostayuda.zendesk.com/hc/es/articles/115004070469-Nombres-Identificaci%C3%B3n-tributaria-por-pa%C3%ADses> **[Accesado el 24 de diciembre de 2017]. S.P.**
5. DHL (2017). Modelo de factura comercial DHL. **[En línea]. Disponible en:** < www.dhl.es/content/dam/downloads/es/express/customs.../factura_comercial_es.doc> **[Accesado el 14 de diciembre de 2017]. S.P.**
6. Cámara de Diputados (2017). Ley de Comercio Exterior, 2017. **[En línea]. Disponible en:** <http://www.diputados.gob.mx/LeyesBiblio/pdf/28.pdf> **[Accesado el 14 de diciembre de 2017]. P.P. 39.**
7. Cámara de Diputados. (2017) Ley Aduanera 2017. **[En línea]. Disponible en** <http://www.diputados.gob.mx/LeyesBiblio/pdf/12_270117.pdf> **[Accesado el 14 de diciembre de 2017]. P.P. 168.**
8. Casa Sauza (2017). Procesos del tequila. La logística del negocio del tequila **[En línea]. Disponible en** <http://www.casasauza.com/procesos-tequila-sauza/la-logistical-negocio-tequila> **[Accesado el 22 de noviembre de 2017]. S.P.**

9. Confederación de Asociaciones de Agentes Aduanales de la República Mexicana (CAAAREM) (2018). Notas de Orientación de Incoterms **[En línea]. Disponible en** <https://www.caaarem.mx/DBCC.nsf/Mapa-Externos?OpenForm&Login> **[Accesado el 22 de noviembre de 2017]. S.P.**

10. Reuters (2017). Exportadores de carne de México buscan mercados musulmanes como alternativa a EEUU. **[En línea]. Disponible en** < https://lta.reuters.com/article/businessNews/idLTAKBN1882 O4-OUSLB> **[Accesado el 18 de enero de 2018]. S.P.**

Sitios de internet consultados:

1. www.mexiworld.net
2. www.mexiworld.com.mx
3. http://www.globalnegotiator.com/es/
4. http://www.esacademic.com/pictures/eswiki/65/Ancient_Leva nt_routes.png (Mapa)
5. www.economia.gob.mx
6. *Market Access Database* http://madb.europa.eu/madb/indexPubli.htm
7. *Trade Helpdesk*, http://trade.ec.europa.eu/tradehelp/
8. www.sat.gob.mx
9. www.caaarem.mx
10. www.siicex.gob.mx
11. www.shcp.gob.mx

Printed in Great Britain
by Amazon